Lübeck

Ein illustriertes Reisehandbuch

von Martin Thoemmes
mit Fotos von Cornelia Gauss

EDITION TEMMEN

Land & Leute

Geschichte

Sightseeing

Ausflüge

Willkommen
in Lübeck

»Lübeck ist Lübeck und ist nicht
identisch mit etwas anderem,
nur mit sich selbst.«
Magda Szabo

Gesellschaft des 19. Jahrhunderts hinein. Erst viel später konnte Magda Szabo die Stadt ihrer Träume zum ersten Mal besuchen und berichtete: »Die Stadt war so schön, dass die momentanen Erlebnisse, die wirkliche Begegnung mit ihr alles bisherige Kategorisieren naiv und armselig machte. Lübeck war mehr – fühlte ich plötzlich – als dass ich es nur dergestalt kategorisieren dürfte: die Hansestadt oder der Boden der Buddenbrooks.«

Lübecks denkwürdigem und etwas rauem **Charme** erliegen viele Besucher: Hier ist noch die Lebensform einer mittelalterlichen Weltstadt zu spüren, ihre Enge und Weite.

Wer Lübeck kennen lernen möchte, braucht einige Tage Zeit. Man begegnet einer historischen Altstadt, die zum **UNESCO-Weltkulturerbe** erklärt wurde, man geht durch Straßen und Gänge, die in den Erzählwerken Thomas und Heinrich Manns weltberühmt geworden sind. Und man besucht in jeder Hinsicht ein Original – Lübecks Backsteinbauten inspirierten zahlreiche Städte an der Ostsee.

Es gibt überaus viel zu besichtigen: Kirchen, Museen, Straßenzüge und den historischen **Hafen**. Aber die Stadt beherbergt auch ein außerordentlich großes gastronomisches Angebot – vor einigen Jahren galt Lübeck noch als die Stadt mit der höchsten Gaststättendichte in Mitteleuropa. Ausflüge an den Ostseestrand, nach Ratzeburg, Mölln oder in die Weite Mecklenburgs runden den Lübeck-Besuch ab.

»Zauberwort Lübeck« nannte die ungarische Schriftstellerin Magda Szabo ihren Aufsatz über Lübeck. Schon als Jugendliche hatte sie von der alten Hafenstadt geschwärmt – von ihren gotischen und im Renaissancestil gebauten Denkmälern. Sie las früh Thomas Manns **»Buddenbrooks«** und dachte sich in die Welt der Lübecker

7

Land & Leute

Der Lübecker an sich

Es gibt ihn noch, den Lübecker an sich – den mit dem alten hanseatischen Stolz. Vereinzelt soll es sogar **Lübecker** gegeben haben, die es ablehnten, das Bundesverdienstkreuz anzunehmen. Dies sei schließlich unter der Würde eines freien Hanseaten, ein Phänomen, das auch von Bremern und Hamburgern erzählt wird. Die Brüder Mann hin, Weltkulturerbe und Marzipan her: Dem Stolz der Lübecker Bürger wurde 1937 eine erhebliche Kränkung zugefügt: Lübeck verlor seine **Selbstständigkeit**, wurde Preußen

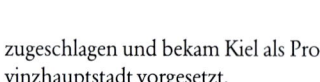

zugeschlagen und bekam Kiel als Provinzhauptstadt vorgesetzt.

Seien es die Segelwettbewerbe, die Universitätskliniken, die Häfen oder die Wirtschaft insgesamt: Die Konkurrenz beider Städte ist traditionell – die Lübecker haben also die Kieler ungefähr so lieb wie die Kölner die Düsseldorfer oder die Badener die Schwaben. Dem feinfühligen **Lübeck-Besucher** sei mithin angeraten, sollte er Verdacht hegen, mit einem Lübecker an sich in Kontakt getreten zu sein, Kiel nicht zu loben.

Aber auch der Kieler Besucher muss seine Identität nicht zwangsläufig verheimlichen. Ein munter anerkennendes »Eine solche Altstadt haben wir natürlich nicht!« kann menschliche Brücken bauen! Zu Hamburgern haben die Lübecker ein entspannteres Verhältnis. Deren mildem Spott, das Lübecker Autokennzeichen »HL« bedeute eigentlich »Hamburg-Land«, begegnet der Lübecker gemeinhin gutmütig lachend.

Skandalöses Lübeck

Thomas Mann hatte mit den »Buddenbrooks«, Heinrich Mann mit dem »Professor Unrat« die Lübecker Wohlanständigkeit arg verschnupft. Fritz Behn war noch kein Professor und hatte sich, gleichfalls Spross einer Senatorenfamilie, der brotlosen Kunst der Bildhauerei in die Arme geworfen. Die Gräfin Reventlow war gar Mutter eines unehelichen Kindes, und schrieb nicht nur höchst unmoralische Gedichte, sondern trieb überdies Propaganda für den Anarchismus und beschäftigte Polizei und Staatsanwalt gleichermaßen – es war viel auf einmal, und der Bürgermeister der Stadt soll, wie die Gräfin von einer Augenzeugin erfahren hatte, ob dieser traurigen Bilanz bekümmert den Kopf geschüttelt und gemeint haben: »Dass die auch gerade alle aus Lübeck sein müssen – Was sollen bloß die Leute im Reich von uns denken.«

Was war eigentlich die Hanse? ...

... mit dieser Frage beschäftigen sich nicht nur Fachleute seit dem 16. Jahrhundert. Je kompetenter die Wissenschaftler, desto mehr wissen sie, was die Hanse zumindest nicht war: Sie war kein **Staatenbund** wie z.B. die heutige Europäische Union, sie war auch kein fester Städtebund, und überhaupt ist sie mit neuzeitlichen Kategorien politischer Institutionen oder wirtschaftlicher Verbände kaum zu begreifen. Obwohl die Hanse über vier Jahrhunderte hinweg Wirkung und Macht besaß, bleibt ihre Gestalt schwer greifbar.

Der althochdeutsche Begriff »hansa« meint »Schar«, »Gefolgschaft«, »Gemeinschaft«. »Dudesche (deutsche) Hansen« nannten sich vermutlich schon im 12. Jahrhundert reisende **Kaufleute**, die fern ihrer Heimatstadt Handel trieben. Zu dieser Zeit und bis weit in das 13. Jahrhundert begleiteten die Kaufleute ihre Waren noch selbst. Sie bildeten Genossenschaften, um einander auf unsicheren Fahrtrouten beizustehen und sich bei Aufenthalten in Ländern fremden Rechts gegenseitig zu unterstützen, sich zu beraten und ihre Interessen miteinander abzustimmen. Auf Gotland gelang es den Hansekaufleuten bald, das Monopol im Russlandhandel mit Nowgorod zu gewinnen. In vier wichtigen Handelszentren Nordeuropas entstanden regelrechte Hanseniederlassungen für Kaufleute und Handwerker (die Hansekontore in Bergen und Brügge, Stalhof in London sowie der Petershof in Nowgorod) – sie waren die Eckpunkte eines florierenden Handelsnetzes. Im gotländischen Visby schlossen sich die Deutschen und Gotländer sogar zu einer Gemeinde zusammen.

Handelsgüter waren Rohstoffe aus Nordosteuropa wie Pelze, Wachs und Honig, aber auch Waren aus Nordwesteuropa wie Tuche, Waffen, Schmuck und Wein. Hinzu kam der Handel mit Fisch (v.a. Hering und Kabeljau) sowie Getreide.

In der Mitte des 14. Jahrhunderts entstanden in einigen Regionen lockere Bündnisse einzelner Städte. So gab es z.B. den wendischen **Städtebund**, den westfälischen, den sächsischen, rheinischen etc. 1358 trafen sich Abgesandte aller Hansestädte zum ersten allgemeinen Hansetag in Lübeck, wo man ein förmliches Bündnis schloss – die »dudesche Hanse« war offiziell gegründet. Größe und wirtschaftliche Macht der Hanse waren zu einem politischen Faktor geworden – aus der Kaufmannshanse war die Städtehanse geworden. Von nun an stellten nicht mehr einzelne **Kaufleute**, sondern Städte den Antrag, Mitglied der Hanse zu werden. Aber eine Gründungsurkunde, Mitgliederlisten oder eine ständige gemeinsame Flotte hat es nie gegeben. Die Aufgaben der Hanse blieben dieselben wie vor dem Zusammenschluss: Es galt die Interessen der Kaufleute der zur Hanse gehörenden Städte in der Fremde zu wahren – nach außen sicherte die Hanse also die Privilegien, Rechte und Freiheiten ihrer Angehörigen. Die **Regionalbünde** sorgten sich um den politischen Spielraum im eigenen Territorium.

Über die Jahrhunderte – allerdings nie zur selben Zeit – gehörten etwa 70 Städte zum festen Kern der Hanse (z.B. Lübeck, Bremen, Hamburg, Riga, Reval, Königsberg, Stettin, Danzig, Köln, Soest, Dortmund, Osnabrück, Münster, Zwolle, Groningen, Nijmegen, Berlin, Goslar, Einbeck und Hannover), über 100 weitere Städte waren locker angegliedert. Lübeck nahm eine führende Rolle innerhalb des **Hansebundes** ein – lange vor dem ersten Hansetag 1358 war Lübeck schon die »hovestad« (Hauptstadt) der Hanse: In einem Dokument aus dem Jahr 1294, als die Stadt Zwolle dem damals 24 Städte umfassenden Hansebund beitreten wollte, wird Lübeck das »caput et princi-

pium omnium« (das Haupt und der Ursprung aller), die Hauptstadt der Hanse genannt. Hier fanden die meisten Hansetage statt, von hier wurden die Einladungen zum Hansetag verschickt.

Dabei wurden die zu behandelnden Themen auf der Einladung angegeben, damit in den vier Städtegruppen (Viertel), in die die Hanse eingeteilt war, die **Regionaltage** abgehalten werden konnten, um die Verhandlungen zu beschleunigen – auch nahmen nicht immer alle Städte an einem Hansetag teil.

Hansetage fanden immer nach Bedarf statt und konnten einige Wochen dauern. Hier wurden u.a. Verträge ratifiziert, wirtschaftliche Vorschriften aller Art erdacht, Verhandlungen mit Städten oder Herrschern geführt, Frieden geschlossen, Kriege ausgerufen oder Blockaden verhängt, außerdem wurde entschieden, welche Städte in den Bund aufgenommen werden sollten. Bei allen Entscheidungen zählten neben wirtschaftlichen zuweilen auch politische Interessen.

Doch was genau die **Hanse** war, darüber bestand schon immer eine gewisse Unklarheit: Wollte die Hanse beispielsweise Privilegien erhalten, stellte sie sich gern als eine mächtige Vereinigung dar. Als aber England für einen Seezwischenfall in der Ostsee die Hanse zur Rechenschaft ziehen wollte, gab der Lübecker Syndikus

Dr. Osthusen ein Gutachten ab, das wortreich beschreibt, was die Hanse alles nicht sei: Sie sei keine »societas«, kein »collegium« und keine »universitas« (also keine Einheit bzw. keine einheitlich agierende Gruppe), sie habe auch kein gemeinsames Vermögen. Sie sei ein festes Bündnis vieler Städte und Gemeinden, die ihre eigenen Handelsinteressen sicher und gewinnbringend verfolgen.

Es blieb nicht aus, dass die eigenen Handelsinteressen mit denen anderer **Hansestädte** zuweilen konkurrierten. Der Niedergang der Hanse begann mit der Entdeckung Amerikas und der Verschiebung der Märkte nach Südeuropa bzw. in die »Neue Welt«. In Deutschland geriet der freie Handel zunehmend durch die Bildung der Territorialstaaten unter Druck. Über-

dies verschlossen sich die hansischen Kaufleute größtenteils den Veränderungen im Bank- und Kreditwesen, so dass sie letztlich der Konkurrenz aus England, Holland und Nürnberg nicht gewachsen waren.

Im Dreißigjährigen Krieg erreichte der Handel einen absoluten Stillstand, 1669 fand der letzte und nur schlecht besuchte **Hansetag** in Lübeck statt. Ein schon 1630 geschlossenes Städtebündnis zwischen Hamburg, Bremen und Lübeck galt als Rechtsnachfolger der Hanse, weswegen diese Städte auch heute noch als Hansestädte bezeichnet werden.

Und wer heute diese Städte besucht, kann noch einen kleinen Abglanz jenes Stolzes spüren, der die hanseatischen Kaufleute im Mittelalter auszeichnete.

Das Lübecker Marzipan

Lübeck gilt weltweit als die Stadt des Marzipans. Durchaus liebevoll nannte der marzipanselige Thomas Mann dieses süße Objekt der Begierde eine »üppige Magenbelastung«. Lange Zeit war es unklar, woher der Begriff »Marzipan« überhaupt stammt. Über viele Jahrhunderte galt es als **»Marci panis«**, als das Brot des Markus, des Schutzheiligen Venedigs. Dass es zu diesem Verständnis kommen konnte, hatte schon seinen Grund, denn tatsächlich wurde das Marzipan über Venedig an nordeuropäische Hafenstädte verhandelt. Aber so elegant ist die Verbindung von Venedigs Markusdom und der Lübecker Marienkirche dann doch nicht zu ziehen. Die in Lübeck lebende Kulturhistorikerin Christa Pieske fand erst vor wenigen Jahren die wirkliche Bedeutung des Namens heraus.

Schon vor tausend Jahren gab es am Mittelmeer byzantinische Münzen, die den thronenden Christus zeigten. Man nannte sie **»Mauthaban«**, was »sitzender Mann« bedeutet. In der italienischen Sprache wurde dies zu »Mataban« verkürzt. Der Mataban wurde zu einem Zehntel einer damals gängigen Münzeinheit und auf jene Schachteln übertragen, in denen Süßigkeiten und kandierte Früchte verpackt waren. Der Name der Schachtel wurde schließlich mit dem Inhalt gleichgesetzt. Aus dem Orient wurden diese Leckereien über Zypern nach Venedig verhandelt, von wo aus sie im Mittelalter auch in reiche Ostseestädte wie Königsberg und Lübeck gelangten.

Die Lübecker Apotheken des 16. Jahrhunderts verkauften es als »Kraftbrod«, und schon im 9. Jahrhundert schrieb der persische Arzt Rhazes: »Wenn man die Mandeln aber geschält mit weißem Zucker genießt, so vermehren sie das Rückenmark und das Gehirn, machen den Körper fett und ernähren ihn in hohem Maße.«

Es konnte nicht ausbleiben, dass das **Marzipan** im Übergang vom Mittelalter zur frühen Neuzeit zum Zankapfel zwischen Apothekern und Zuckerbäckern wurde – die Zuckerbäcker siegten. Das Marzipan wurde in ganz Europa zum Konfekt der gehobenen Kreise.

Doch wie wurde Lübeck zur Marzipanstadt? Im frühen 19. Jahrhundert

➤ Nicht nur in Deutschland ein Begriff: Das Haus Niederegger steht für Marzipanqualität schlechthin

➤ Süßes Kunstwerk – eine lübische Kogge aus Marzipan

Übrigens hat nicht jedes Produkt, auf dem »Lübecker Marzipan« steht, die gleiche Qualität. Empfehlenswert ist neben Niederegger aber beispielsweise auch das »Nordische Weinhaus« (Fleischhauerstraße 30), das, abgesehen von einer kurzen Sommerpause, Marzipanbrote aus eigener Herstellung bereithält.

Das Café Niederegger gegenüber dem Rathaus beherbergt ein beeindruckendes Marzipanmuseum.

▶ Café Niederegger und Marzipanmuseum, Breite Straße 89 (gegenüber der Rathaustreppe), Tel. 0451-5301-126, Fax 5301-114, www.niederegger.de, Mo–Fr 9–19 Uhr, Sa 9–18 Uhr, So 10–18 Uhr

Zum Weiterlesen:

▶ Christa Pieske:
Marzipan aus Lübeck,
Der süße Gruß einer alten Hansestadt, Weiland 1997

➤ Köstlichkeiten aus Marzipan

beherbergte Lübeck manchen begabten Marzipanhersteller, so könnte die Lübecker Marzipan-Herrschaft mit einem Mann zusammenhängen, der 1777 in Ulm geboren wurde und im Jahre 1800 als Geselle beim Konditor Maret eintrat. Er hieß Johann Georg Niederegger. **Niederegger** machte sich 1806 selbstständig, nachdem Maret gestorben war und die Witwe ihm das Geschäft übergeben hatte. Er profitierte davon, dass Zucker nun kein exotisches und teures Importgut mehr war, sondern als Rübenzucker zu erschwinglichen Preisen aus Mecklenburg geliefert wurde. Niederegger entpuppte sich bald als der begabteste und in geschäftlicher Hinsicht geschickteste Lübecker Marzipanhersteller - seinem Schwiegersohn hinterließ er später ein florierendes Unternehmen. Es ist ein bis heute gehütetes Geheimrezept, wie denn genau das Verhältnis von süßen und bitteren Mandeln, Zucker und Rosenwasser zu mischen ist. So wurde der Name »Niederegger« fast zum Inbegriff des guten Marzipans schlechthin.

➤ Die glasierten Terrakotten »Die Fremden« von Thomas Schütte
auf dem Dach der Musik- und Kongresshalle

Die Musikhauptstadt des Nordens

»Singet und klinget!«, heißt es in Dietrich Buxtehudes Festkantate auf Lübeck. Seit den Abendmusiken Franz Tunders und **Dietrich Buxtehudes** im 17. Jahrhundert in St. Marien zog es immer wieder Musikliebhaber und bedeutende Musiker an – u.a. pilgerten Georg Friedrich Händel und Johann Sebastian Bach nach Lübeck, um den berühmten Organisten und Komponisten Buxtehude zu besuchen. Im 20. Jahrhundert wirkte der Komponist Hugo Distler als Kantor und Organist an St. Jakobi. Der heutige Besucher wird besonders in den Innenstadtkirchen eine erstaunliche Anzahl hochkarätiger Orgelkonzerte und Veranstaltungen mit geistlicher Musik wahrnehmen, die unbedingt zu empfehlen sind. In den Monaten Juli und August wird das Schleswig-Holstein-Musikfestival in Lübeck und Umgebung veranstaltet, das von der Hansestadt aus organisiert wird. Auch beherbergt Lübeck eine international angesehene Musikhochschule (Petersgrube 17–29) (Nr. 27). Hier kann man Konzerte mit Studenten und Absolventen besuchen, die u.a. durch Plakate an der **Musikhochschule** angezeigt werden.

Die Lübecker Philharmoniker und auch das NDR-Symphonieorchester spielen regelmäßig in der Musik- und Kongresshalle.

▸ Musik- und Kongresshalle (MuK), Willy-Brandt-Allee 10, Tel. 0451/7904–400, www.muk.de, Gruppenführungen nach Voranmeldung möglich

17

Von Gruben und Gängen

Der wahre Schatz Lübecks liegt abseits der Hauptverkehrsachsen, und so lohnt es sich für den Besucher auf jeden Fall, eine der vielen Seitenstraßen hinunterzuschlendern, die im Westteil der Altstadt zumeist »Gruben« heißen. Sehenswert ist besonders die **Engelsgrube** (Nr. 28), die neben der Schiffergesellschaft (Nr. 26) zu finden ist. Hier sieht man eine kuriose Eigenart auch anderer mittelalterlicher Nebenstraßen, nämlich die »Schwibbögen«, die einst die einander gegenüberliegenden Hauswände stabilisieren sollten.

➤ Typisch Mittelalter: Schwibbögen stabilisieren Hauswände in Nebenstraßen

Die repräsentative Engelsgrube trägt ihren Namen vermutlich wegen der englischen Schiffe, die im Mittelalter am unteren Ende der Straße festmachten.

Was in der Engelsgrube zu finden ist, das gibt es auch in vielen anderen Seitenstraßen: **Höfe und Gänge**, die wiederum von den Straßen abzweigen. Im Mittelalter wuchs die Bevölkerung auf der Stadtinsel stetig, damit auch der Bedarf an Wohnraum. Deshalb baute man zwischen bzw. hinter den großen Häusern Gänge und Höfe, an deren Seiten wiederum kleine Häuser entstanden.

Was heute so idyllisch wirkt, war einst der Wohnraum für die ärmeren Schichten der Bevölkerung, deren Familien oft auf kleinstem Raum leben mussten. Die »Stiftshöfe« waren karitative Einrichtungen wie z.B. der **Füchtingshof** (Nr. 29) in der Glockengießerstraße – benannt nach einem wohlhabenden Lübecker Ratsherrn, der diese Anlage 1639 den Witwen von Schiffern und Kaufleuten stiftete.

Das kunstvolle Renaissanceportal ist aus Gotländer Sandstein gearbeitet. Wenige Häuser weiter (Nr. 41–53) liegt eine noch ältere Wohnstiftung – sie wurde im Jahre 1612 für Kaufmanns- und Handwerkerwitwen eingerichtet – der **Glandorps-Gang** (Nr. 30) mit einem Hof. Lohnend ist der Besuch dieser Stiftshöfe allemal. Hier leben auch heute noch z.T. ältere Menschen, während sich in den meisten anderen Ganghäusern ein Strukturwandel vollzogen hat: Viele einkommensschwächere Familien,

➢ Reizvolle Einblicke in Höfe und Gänge: der Füchtingshof

Achtung Privatsphäre!

Generell ist es möglich, nahezu alle Gänge zu besuchen – doch sollte man beachten, dass man sich nicht in einem Freilichtmuseum befindet. Die malerischen Gänge sind Wohnviertel und entsprechend sollte man die Privatsphäre der Anwohner respektieren. Dazu gehört auch, auf laute Gespräche und plattgedrückte Nasen an den Fenstern zu verzichten! Sicher ist es verlockend, in Küche und Wohnzimmer fremder Menschen zu schauen, doch Letztere amüsiert dies keinesfalls. Größere Reisegruppen sollten sich entweder aufteilen oder auf den Besuch privater Gänge verzichten.

denen die Gänge über Jahrhunderte vorbehalten waren, zogen in die Neubausiedlungen der äußeren Vorstädte. Anschließend wurden die Gänge saniert – durch staatliche Programme gefördert, aber auch liebevoll von privater Hand gestaltet. Viele Ganghäuser, wie überhaupt gut sanierte Altstadthäuser, werden inzwischen von zahlungskräftigen Bürgern bewohnt.

Wer die Verbindung von historischer Baukultur, gediegenem Einzelhandel und Lokalen liebt, dem sei ganz besonders die Hüxstraße empfohlen, deren oberer Teil links vom Café Niederegger gegenüber dem Markt beginnt.

Naherholungsgebiete in Lübeck – ein paar Beispiele

Lübeck – das ist nicht nur die Altstadt, Travemünde und die Vorstädte, sondern auch Wasser und Natur. Ob an der Obertrave, dem Mühlen- oder dem **Krähenteich** – rund um die Stadtinsel gibt es zahlreiche Gelegenheiten, im Grünen zu spazieren oder sich auf eine Bootsfahrt zu begeben. Ein spezieller **Naturerlebnispfad** mit insgesamt neun Stationen lädt den Besucher überdies ein, die Natur in Lübeck zu erleben. Abgerundet wird das Angebot durch einen Ökologischen Fahrradpfad, der auf einer Strecke von 17,5 km sieben interessante Stationen umfasst.

▶ Broschüren über den »Stadtökologischen Pfad« und den »Ökologischen Fahrradpfad« sind bei der Stadt Lübeck, Bereich Naturschutz, Moislinger Allee 3, 23558 Lübeck, kostenlos erhältlich

Wer nahe der Altstadt bleiben will, überquert die Mühlentorbrücke und geht zum Kanal hinunter, der auf beiden Seiten in beide Richtungen zu begehen ist. Eine andere Möglichkeit bietet die Wallstraße, die hinter dem Mühlenteich und noch vor der Mühlenbrücke beginnt. Von hier aus gelangt man in die Wallanlagen.

Israelsdorf
In der näheren Umgebung gibt es lohnende Ausflugsziele. Fährt man beispielsweise vom Burgtor über die Travemünder Allee (B 75) Richtung Travemünde, so ist schon vor dem die Trave unterquerenden und mautpflichtigen »Herrentunnel« eine Abfahrt nach Israelsdorf und Gothmund ausgeschildert. Im waldrei-

➤ An der Obertrave ...

chen Israelsdorf gibt es den **Lübecker Tierpark**.

▸ Lübecker Tierpark, Waldstraße 2, Tel. 0451/393105, www.tierpark-luebeck.de, Apr–Sept 9–18 Uhr, Mrz–Okt 10–17 Uhr, Nov–Feb nur So 10–17 Uhr

Gothmund

Malerisch an der Trave gelegen ist dagegen das **Fischerdörfchen Gothmund**. Hier, bei den teilweise noch reetgedeckten Fischerkaten und dem kleinen Hafen, scheint die Zeit stillzustehen. Lohnend ist ein Spaziergang auf einem alten **Treidelsteg**, über den man durch ein reizvolles Naturschutzgebiet bis nach Lübeck wandern kann.

▸ Gothmund-Bilder im Internet: www.kit-projekt.de/Deutsch/Museen/Gothmund

Waldhusener Forst

Jenseits der Trave kommt man weiter in den Stadtteil Kücknitz, wo sich links der Waldhusener Forst anschließt. Hier führt ein **archäolo-gisch-naturkundlicher Lehrpfad** durch den Wald – Start- und Endpunkt ist der zweite Waldparkplatz auf der linken Seite. Direkt am Wanderweg befindet sich ein ca. 4000 Jahre altes **Hünengrab**, das 1844 freigelegt wurde und gut erhalten ist.

Dummersdorfer Ufer

Folgt man der Straße weiter und fährt durch Kücknitz hindurch, gelangt man zum Naturschutzgebiet **Dummersdorfer Ufer** an der Trave, einem Gebiet von seltener Schönheit und Entrücktheit.

Lauerholz

Das größte Lübecker Waldgebiet bildet das **Lauerholz** im Osten der Stadt, zu dem es mehrere Zugänge gibt. Es empfiehlt sich, über die Travemünder Allee bis zur Abfahrt Schlutup zu fahren, dann aber statt nach Schlutup gleich rechts auf den Wesloer Weg (B104) abzubiegen. Vom Wesloer Weg gibt es mehrere Wanderwege nach links und rechts in das Lauerholz.

➤ Rechts: An der Wakenitz ...

➤ Blick auf das Dorf Gothmund

Archäologie in Lübeck

Keine andere Stadt in Nord- und Mitteleuropa ist archäologisch so gründlich untersucht worden wie Lübeck, es gilt als Paradefall mittelalterlicher **Stadtarchäologie**. Die ersten Grabungen gab es im slawischen Alt Lübeck (einige Kilometer nordwestlich der heutigen Altstadt) seit 1852. Mit Unterbrechungen wurden die Grabungen in Alt Lübeck bis in die Gegenwart fortgesetzt.

Aber besonders seit den frühen 1960er-Jahren befasste sich die Lübeck-Archäologie mit der heutigen Altstadt. Großgrabungen ergaben, dass manchen Spekulationen von Historikern zum Trotz das wohl älteste städtische Siedlungsgebiet westlich der heutigen Marienkirche bis zur Untertrave gelegen hat. Die **Dendrochronologie**, die Datierung von Fundstücken durch das Auszählen der Jahresringe verbauter und geborgener Eichenhölzer, ergab Befunde aus dem 12. Jahrhundert – der Zeit Heinrichs des Löwen.

Zahlreiche andere Grabungen zeigten nicht nur Lübecks Siedlungsentwicklung, sondern brachten unzählige Einzelfunde zutage, die vom Alltagsleben der mittelalterlichen und nachmittelalterlichen Lübecker erzählen: importiertes und in Lübeck hergestelltes Gebrauchsgut wie Krüge und Becher, aber auch Schmuck, Sakrales und Spielzeug. Besonders seit den frühen 1960er-Jahren, vor allem aber durch **Großgrabungen** in den letzten zwei Jahrzehnten des 20. Jahrhunderts wurde die Lebenswirklichkeit einer mittelalterlichen

Großstadt rekonstruiert. Dazu gehörte auch die Erforschung mittelalterlicher Kloaken, was unappetitlich klingen mag, aber über die Ernährungsgewohnheiten unserer Vorfahren vieles verriet.

Selbstverständlich kamen über die umfangreichen archäologischen Tätigkeiten immer wieder wissenschaftliche Bücher heraus, wurden Vorträge gehalten und Ausstellungen gezeigt. Ausdrücklich stellte die **UNESCO** 1987 nicht nur die heute sichtbare Stadt, sondern auch deren Untergrund in die Liste des Weltkulturerbes und würdigte damit die international anerkannten archäologischen Forschungen in Lübeck.

Seit Sommer 2005 ist das **Archäologische Museum** im mittelalterlichen Beichthaus des Burgklosters im Norden der Altstadt untergebracht. Hier werden auf 700 qm insbesondere alltägliche aber auch besondere Funde aus Lübecks Blütezeit, dem Mittelalter, präsentiert. Auch die Steinzeit, die Bronzezeit und slawische Siedlungsspuren werden aufbereitet. Wer nach der überbordenden Fülle archäologischer Funde der Ruhe bedarf, ist im angeschlossenen »Café Confessio« gut aufgehoben.

▶ Archäologisches Museum im Kulturforum Burgkloster, Hinter der Burg 2–6, Tel. 0451/122-4184, Fax 122-4198, kulturforum-burgkloster @luebeck.de, Di–So, Apr–Dez 10–17 Uhr, Jan–Mrz 11–17 Uhr

Lübecker Porträts

Hans Blumenberg (1920–1996)

Blumenberg wurde in Lübeck als Sohn eines Kaufmanns geboren. Er besuchte das Katharineum, doch obwohl ihm als Jahrgangsbestem die Abiturientenrede zustand, durfte er sie selbst nicht vortragen, da seine Mutter jüdischer Herkunft und Hans Blumenberg nach den »Nürnberger Rassegesetzen« als »Halbjude« eingestuft war. Bis Kriegsende lebte er in gefährlichen Umständen, teils im Arbeitslager, teils gedeckt und versteckt. Nach dem Krieg studierte er in Kiel, promovierte und habilitierte sich in Philosophie. Blumenberg lehrte in Hamburg, Gießen und Bochum, danach bis zu seiner Emeritierung in Münster. Seine Untersuchungen der abendländischen Geistesgeschichte kreisen vor allem um die Bedeutung von Mythos und Metapher für das moderne Selbstbewusstsein. Unter anderem ging es ihm um den Wandel des menschlichen Selbstverständnisses an der Schwelle vom mittelalterlichen zum neuzeitlichen Weltbild. Blumenberg galt als einer der einflussreichsten Philosophen der Bundesrepublik. Er starb am 28. März 1996 in Altenberge bei Münster – kurz bevor seine Heimatstadt Lübeck ihm die Ehrenbürgerwürde verleihen konnte.

Ida Boy-Ed (1852–1928)

Die Schriftstellerin wurde als Tochter eines Zeitungsverlegers und Autors in Bergedorf (heute Hamburg) geboren. 1870 heiratete sie den Lübecker Kaufmann Carl Johann Boy, doch ihre neue Familie hatte keinerlei Verständnis für ihre literarischen Aktivitäten und ihr emanzipiertes Rollenverständnis. Ida Boy-Ed übersiedelte mit ihrem ältesten Sohn nach Berlin, wo sie vergeblich versuchte, sich eine Existenz als Journalistin aufzubauen. Ihr blieb schließlich nichts anderes übrig, als nach Lübeck zurückzukehren, doch ihre Produktivität ließ sich nicht mehr unterdrücken. Ihre Novellensammlung »Ein Tropfen« wurde 1882 verlegt. Bis zu ihrem Tod folgten noch mehr als 70 Bände mit unterhaltsamen Romanen, Erzählungen und Biografien. Ida Boy-Ed wurde in Lübeck verehrt und die Stadt übertrug ihr zum 60. Geburtstag ein Haus als lebenslange Ehrenwohnung direkt am Burgtor. Bleibende literaturgeschichtliche Bedeutung erlangte sie durch die Förderung des jungen Thomas Mann, dessen Talent sie früh erkannte.

Willy Brandt (1913–1992)

Willy Brandts eigentlicher Name war Herbert Frahm. Er war der uneheliche Sohn der aus Mecklenburg stammenden Verkäuferin Martha Frahm und wuchs im Lübecker Arbeiterviertel St. Lorenz unweit des Hauptbahnhofes auf. Der junge Herbert Frahm wurde in der sozialistischen Arbeiterjugend sozialisiert, bereits 1930 war er Mitglied der Lübecker SPD. Seine Begabung, Intelligenz und Disziplin waren offenkundig, so dass ihm trotz seiner Herkunft der Besuch des Gymnasiums – des Lübecker Johanneums – ermöglicht wurde.

Sein wichtigster Mentor war der sozialdemokratische Reichstagsabgeordnete Julius Leber, unter dessen Förderung Frahm bereits als Gymnasiast Beiträge für die Lübecker SPD-Presse schrieb. 1931 schloss sich Frahm der radikaleren Sozialistischen Arbeiterpartei (SAP) an. Nach dauernden direkten Konfrontationen mit den Lübecker Nationalsozialisten – aber wohl auch im Auftrag der SAP – verließ Frahm Deutschland in den ersten Apriltagen des Jahres 1933. Ein Travemünder Fischer brachte ihn in einer nächtlichen Fahrt nach Dänemark, von wo aus er weiter nach Norwegen reiste. Dort legte er sich den Namen Willy Brandt zu.

Während der Besetzung Norwegens kam Brandt nicht ohne Schwierigkeiten und Auflagen in Schweden unter. Nach der Befreiung Deutschlands hätten ihn die einstigen Lübecker SPD-Genossen gern als Bürgermeister gesehen, doch Brandt entschied sich für Berlin. 1945/46 war er deutscher Berichterstatter für skandinavische Zeitungen, 1947 Presseattaché der norwegischen Militärmission in Berlin, 1948 nahm er wieder die deutsche Staatsbürgerschaft an.

Brandts politische Karriere verlief von nun an steil: Von 1949 bis 1957, 1961 und ab 1969 war er Mitglied des Bundestages, seit 1950 hatte er einen Sitz im Westberliner Abgeordnetenhaus, 1955 wurde er dessen Präsident und 1957–66 Regierender Bürgermeister von Berlin. Besonders nach dem Mauerbau am 13. August 1961 war er in der ganzen westlichen Welt das Symbol des Berliner Überlebenswillens und genoss international großes Ansehen. 1961 und 1965 war Brandt Kanzlerkandidat der SPD, verlor jedoch beide Bundestagswahlen und

➤ Willy Brandt in den 1930er-Jahren

wurde 1964 zum Bundesvorsitzenden der SPD gewählt.

Mit der großen Koalition von 1966 wurde Brandt unter Bundeskanzler Kurt Georg Kiesinger (CDU) Vizekanzler und Außenminister, schließlich im September 1969 Bundeskanzler einer SPD/FDP-Koalition, die nur eine knappe Bundestagsmehrheit hatte. Seine Regierung verwirklichte nun eine neue, verständigungsorientierte Ostpolitik, die schon in den frühen 1960er-Jahren von ihm und seinem Berater Egon Bahr konzeptionell vorbereitet worden war. 1971 erhielt er den Friedensnobelpreis. 1972 wurde Brandt Ehrenbürger seiner Heimatstadt Lübeck und errang nach einem überraschend gescheiterten Misstrauensvotum im Bundestag für seine Partei einen beispiellosen Sieg bei einer vorgezogenen Bundestagswahl.

Im Mai 1974 wurde sein persönlicher Referent Guillaume als Stasi-Agent enttarnt und Brandt trat als Bundeskanzler zurück. Sein weltweites Anse-

29

➢ Alt-Bundeskanzler Willy Brandt 1983 auf dem Lübecker Markt

hen mehrte sich danach durch seine Tätigkeit als Präsident der »Sozialistischen Internationalen« und Vorsitzender der »Nord-Süd-Kommission«. 1987 gab er den SPD-Vorsitz ab und wurde Ehrenvorsitzender der SPD. Willy Brandt starb am 8. Oktober 1992 in Unkel bei Bonn.

Dietrich Buxtehude (um 1637–1707)

Buxtehude wurde vermutlich in Oldesloe, rund 30 Kilometer südlich von Lübeck, geboren und wuchs im dänischen Helsingör auf, wo sein Vater als Organist arbeitete. 1657 trat Buxtehude eine Stelle als Organist in der Marienkirche in Helsingborg an, von 1660 bis 1668 war er Organist an der Marienkirche in Helsingör. Schließlich wurde er als Nachfolger Franz Tunders an St. Marien in Lübeck berufen, wo er bis zu seinem Tode blieb. Hier wuchs seine internationale Bedeutung als Komponist und Organist. Sein Werk umfasst über hundert Orgelwerke, ungefähr 120 Kirchenkantaten und andere geistliche Werke sowie eine Reihe kammermusikalischer Stücke (u.a. Triosonaten). Seine Bedeutung für die damalige Musikwelt ist kaum zu überschät-

zen. Georg Friedrich Händel besuchte Buxtehude im Jahre 1703, Johann Sebastian Bach 1705. Besonders von Bach ist bekannt, dass er von Buxtehude fasziniert war, und seinen Lübeck-Aufenthalt spontan verlängerte. Buxtehude übernahm die Veranstaltung der Abendmusiken in der Adventszeit von seinem Vorgänger Franz Tunder, erweiterte diese und schuf damit eine jahrhundertelange Tradition.

Heinrich Dräger (1898–1986)

Heinrich Dräger war der Sohn des Inhabers des Lübecker Drägerwerks Bernhard Dräger. Er besuchte das Johanneum, wo er 1916 sein Abitur bestand, danach zog er als Freiwilliger in den Ersten Weltkrieg. 1924 schloss er sein Studium der Agrarwissenschaft ab und promovierte 1927. Als sein Vater 1928 starb, übernahm Dräger die Leitung des Unternehmens für Medizin- und Sicherheitstechnik. Die Firma war führend in der Narkosetechnik und besaß seit 1907 eine Tochtergesellschaft in den USA, wo der Begriff »Draegerman« für die Sicherheit bei Gruben- und Feuerwehreinsätzen stand. Drägers »Pulmotor«, ein Wiederbelebungsgerät, rettete zahlreiche Menschenleben auf der ganzen Welt.

Durch die Aufrüstungspolitik der Nazizeit erhielten die Drägerwerke viele Aufträge, vor allem für die Produktion von Gasmasken. Nach dem Krieg konzentrierte man sich wieder auf die Medizintechnik, in den Drägerwerken wurde u.a. der weltbekannte »Dräger Alcotest« zur Messung des Atemalkohols hergestellt. Das Werk beschäftigt heute weltweit ca. 9500 Mitarbeiter, die meisten davon in Lübeck.

Besonders groß war Heinrich Drägers Engagement für Lübeck. Sein kulturelles und soziales Mäzenatentum ist in der Stadt vielerorts anzutreffen: so z.B. bei dem wiedererrichteten Dachreiter auf St. Marien, im Naherholungsgebiet Drägerpark an der Wakenitz oder im nach ihm benannten Drägerhaus neben dem Behnhaus. Er förderte auch die Archäologie und die Thomas-Mann-Forschung, 1982 wurde ihm die Ehrenbürgerschaft verliehen. Heinrich Dräger starb 1986, die Dräger-Stiftung wirkt in seinem Sinne bis heute.

Emanuel Geibel (1815–1884)

Geibel war der bedeutendste Dichter, den Lübeck im 19. Jahrhundert hervorbrachte. »Von Dichtung schwärmt kein Lübecker / von Dividenden desto mehr« hieß es einmal in einem etwas holperigen Reim in einem »Lübecker Alphabet« aus dem Jahre 1874. Das galt nicht für Geibel.

Er wurde als Sohn eines in Lübeck hoch angesehenen evangelisch-reformierten Pastors geboren, besuchte später das Katharineum. Nach dem Abitur studierte Geibel auf Wunsch seines Vaters in Bonn Theologie, belegte aber auch Veranstaltungen in römischer Literaturgeschichte und Philosophie, bis er nach Berlin ging, wo er sich der klassischen Philologie widmete. Er brach sein Studium ab, um eine Hauslehrerstelle beim russischen Gesandten in Athen anzunehmen, versprach noch, seine Doktorarbeit vorzulegen und wurde in Abwesenheit promoviert – offenbar ohne jemals die Arbeit nachzureichen. In Griechenland unternahm Geibel ausgedehnte Reisen und übersetzte Texte altgriechischer Autoren ins Deutsche.

Nach seiner Rückkehr im Jahre 1840 zog er nach Lübeck und reiste viel durch Deutschland. Mit seinem Gedichtband wurde Geibel populär: 1884 erreichte dieser die 100. Auflage. Geibels vertonte Gedichte wie »Der Mai ist gekommen« oder »Wer recht in Freuden wandern will« bekamen den Charakter von Volksliedern. 1848/49 war er vorübergehend Lehrer am Lübecker Katharineum.

Der bayerische König Maximilian II. ernannte Geibel 1852 zum Professor für Poetik und Ästhetik an der Universität München. Hier bildete sich ein Kreis um Geibel, der in konservativer Weise den damals aufkommenden Realismus bekämpfte und eine restaurativ-klassizistische Literatur propagierte.

Nach Maximilians Tod verlor Geibel jedoch an Einfluss, zudem votierte er im Konflikt zwischen Österreich und Preußen für Preußen, was zur Streichung seines bayerischen Gehaltes führte. Schließlich kehrte er nach Lübeck zurück und erhielt vom preußischen König Wilhelm I. ein Ehren-

➢ *Geibel-Denkmal in Lübeck*

sold, da er der offizielle und gefeierte Lyriker der deutschen Einigung war, zusätzlich zur Gnadenpension.

Aus heutiger Sicht sind seine Verdienste als Philologe und Übersetzer größer als seine dichterische Leistung. Doch in Lübeck wurde der Vielgeehrte zu einer populären Institution. Nachdem er am 6. April 1884 gestorben war, soll eine Marktfrau gefragt haben »Und wer wird nun Dichter? Wer bekommt jetzt die Stelle?«

Gustav Hillard (1881–1972)

Eigentlich Gustav Steinbömer. Er wurde 1881 in Rotterdam als Sohn eines deutschen Reedereikaufmanns geboren. Hillard ist ein Pseudonym seines 1938 veröffentlichten Romans »Spiel mit der Wirklichkeit. Geschichte eines jungen Mannes in der Gesellschaft des Vorkrieges«. Nachdem sein Vater schwer erkrankt war, kam er zu seinem Großvater, der eine Villa vor dem Lübecker Burgtor besaß. Von 1893 bis 1895 besuchte Hillard das Katharineum und wurde dann gegen seinen Willen in die Kadettenanstalt im Plöner Schloss geschickt, wo er Freundschaft mit Kronprinz Wilhelm schloss. Ihm und dem Hofstaat Kaiser Wilhelms II. widmete er später einsichtige wie kritische Darstellungen. Nach dem Abitur musste Hillard die Offizierslaufbahn einschlagen, 1911 wurde er in den Großen Generalstab befördert. 1913 ließ er sich jedoch vom Militärdienst beurlauben, zog nach Berlin und studierte dort Philosophie. Nach seiner Reaktivierung im Jahre 1914 lernte er den späteren Außenminister Walther Rathenau und den Regisseur Max Reinhardt kennen. Letzterer holte ihn nach dem Krieg als Dramaturg nach Berlin. Später nahm Hillard seine Studien (Kunstgeschich-te, Philosophie, Germanistik und Archäologie) in Berlin und anderen europäischen Städten wieder auf. 1924 promovierte er in Kunstgeschichte, publizierte in verschiedenen Zeitschriften und war Autor verschiedener kulturhistorischer wie politischer Bücher. Hillard pflegte Umgang mit Männern, die später zum Kreis der Widerstandskämpfer des 20. Juli gehörten. 1944 wurde seine Berliner Wohnung ausgebombt, woraufhin er in das großväterliche Haus nach Lübeck zog. Hier entstand u.a. die meisterhafte Novelle »Der Smaragd«. Es erschienen die Sammelbände »Recht auf Vergangenheit«, »Wert der Dauer« und die Autobiographie »Herren und Narren der Welt«. 1955 traf er sich mit Thomas Mann in Travemünde – eine seltene Auszeichnung, denn gemeinhin stand Thomas Mann Autoren seiner Generation, die zwischen 1933 und 1945 in Deutschland geblieben waren, reserviert gegenüber. 1965 war Hillard Gründungsmitglied der Thomas-Mann-Gesellschaft (später: Deutsche Thomas-Mann-Gesellschaft). Innerhalb wie außerhalb Lübecks hoch geehrt, starb Gustav Hillard 1972 im Alter von 91 Jahren.

Julius Leber (1891–1945)

Im elsässischen Biesheim, nahe der heutigen deutsch-französischen Grenze, unehelich geboren, wuchs Julius Leber in kleinbäuerlich-proletarischen Verhältnissen auf. Er ging zunächst in Breisach zur Schule, machte dann eine Kaufmannslehre und bestand nach zweijährigem Schulbesuch an der Freiburger Rotteck-Oberrealschule das Abitur. Leber trat bereits 1913 in die SPD ein. Er studierte in Freiburg und Straßburg Volkswirtschaft, unterbrach aber im

August 1914 sein Studium als Kriegs-
freiwilliger, wurde mehrmals verletzt
und ausgezeichnet. Nach dem Ende
des Ersten Weltkrieges blieb Leber
vorerst Soldat im Range eines Leut-
nants und bekämpfte 1920 in Hinter-
pommern mit seinen Soldaten, aber
auch mit Arbeitern den rechtsradikalen »Kapp-Putsch«. Obwohl er sich
für die Republik eingesetzt hatte, wurde Leber, nachdem der so genannte
Putsch niedergeschlagen war, wegen
»Gehorsamsverweigerung« selbst festgesetzt und mit standrechtlicher Er-
schießung bedroht – was ihn nach-
haltig empörte. Noch im selben Jahr
beendete er sein Studium in Freiburg
mit der Promotion.
1921 wurde Leber Chefredakteur der
sozialdemokratischen Zeitung »Lübecker Volksbote« und in die Lübecker Bürgerschaft gewählt. Er war
bald das eigentliche Oberhaupt der
Lübecker Sozialdemokratie. Leber
polarisierte gezielt und brachte so
Teile des Bürgertums heftig gegen
sich auf. Der promovierte Akademi-
ker galt der Lübecker Arbeiterschaft
beinahe als Volkstribun. Während er
anfangs dem linken Flügel der SPD
angehörte, wich seit 1924, in diesem
Jahr zog er auch in den Reichstag ein,
sein marxistisches Weltbild immer
mehr einer pragmatischen und staats-
freundlichen Gesinnung. Im Wider-
spruch zur wehrunfreundlichen Haltung vieler seiner Genossen wollte er
Arbeiterbewegung und Reichswehr
einander näher bringen. Auch wenn
Lebers politische Haltung maßvoller
geworden war, blieb er der Hauptgeg-
ner des konservativen und deutschna-
tionalen Bürgertums. Er galt als überaus trinkfest und als ein »Frauenheld«.
Seine Heirat mit Annedore Rosenthal
im Jahre 1927 führte fast zu einem ge-

➤ Julius Leber

sellschaftlichen Skandal, denn sie war
die Tochter des hoch angesehenen
Direktors des »Katharineums« Georg
Rosenthal.
1924 bis 1933 war Leber Mitglied des
Reichstages – hier versuchte er den Zu-
sammenbruch der Weimarer Republik mit aller Gewalt zu verhindern,
und dies auch im wörtlichen Sinne:
Er ging keiner Konfrontation mit den
Nationalsozialisten aus dem Wege.
Am Abend des 30. Januar 1933, dem
Tag, an dem Hitler Reichskanzler wurde, gerieten Leber und seine Partei-
freunde in eine heftige, von SA-Leuten
angezettelte Schlägerei, wobei ein SA-
Mann – allerdings nicht durch Leber
– zu Tode kam. Aber Leber wurde verletzt festgenommen und ins Gefäng-
nislazarett eingeliefert. Nach gut zwei
Wochen entließ man ihn gegen Kau-
tion. Seine Freilassung wurde zum
Triumphzug und wenige Tage später
solidarisierten sich 15.000 Lübecker
auf dem Burgfeld, heute Gustav-Radbruch-Platz. Er konnte, bedingt durch
eine Nasenverletzung, nur ein Wort
ausrufen: »Freiheit!«. Es war vermutlich sein letztes, in der Öffentlichkeit
frei gesprochenes Wort.
Am 23. März, als Leber die Berliner
Kroll-Oper betreten wollte, um an
der Abstimmung über das Ermächti-
gungsgesetz teilzunehmen, wurde er

festgenommen und später zu 20 Monaten Haft verurteilt. Anschließend kam Leber in die Konzentrationslager Esterwegen und Sachsenhausen. Dem unablässigen Bemühen seiner Frau und dem Einsatz des Osnabrücker Bischofs Berning verdankte er 1937 die Freilassung. Aus Sicherheitsgründen zog Leber nicht mehr nach Lübeck, sondern ging nach Berlin. Als Teilhaber einer Kohlenhandlung gelangen ihm Kontakte zu Sozialdemokraten und anderen Regimegegnern (Kreisauer Kreis) – bald war Leber sowohl im zivilen wie im militärischen Widerstand eine Autorität und im Falle eines geglückten Aufstandes gegen Hitler als Innenminister vorgesehen. Doch Leber wurde bereits 15 Tage vor dem gescheiterten Stauffenberg-Attentat auf Hitler (20. Juli 1944) verhaftet und schwer misshandelt. Vor dem »Volksgerichtshof« Roland Freislers stand er mit bewunderungswürdiger Ruhe und Entschlossenheit. Das Todesurteil wurde am 5. Januar 1945 durch den Strang vollzogen.

Heinrich Mann (1871–1950)

Heinrich Mann war der älteste Sohn des Kaufmanns und Senators Thomas Johann Heinrich Mann und dessen Frau Julia, geb. da Silva-Bruhns. Nach dem Progymnasium besuchte Heinrich Mann das Lübecker Katharineum, das er nach der Unterprima verließ. Das Verhältnis zu seinem Vater war konfliktreich, da er sich für das väterliche Geschäft kaum interessierte und schon früh seinen literarischen Neigungen nachging. Die ersten Schreibversuche unternahm er bereits als Schüler. 1889 trat er in Dresden eine Buchhandelslehre an, die er jedoch nicht beendete. 1890–92 volontierte Heinrich Mann beim S. Fischer Verlag in Berlin und schrieb Rezensionen für Zeitschriften, anschließend studierte er in Berlin und München. In den 90er-Jahren verbrachte er mit seinem vier Jahre jüngeren Bruder Thomas zweimal mehrjährige Aufenthalte in Italien, wobei er seinen Bruder beim Entstehen der »Buddenbrooks« unterstützte.

Zwischen 1899 und 1914 lebte Heinrich Mann abwechselnd in München (wohin auch seine Mutter gezogen war), Berlin, Italien und Südfrankreich. Er fühlte sich besonders dem französischen Geist verbunden und liebte die französische Literatur. Den großen Durchbruch schaffte er mit den Romanen »Professor Unrat« (später mit Marlene Dietrich und Emil Jannings in der Hauptrolle als »Der blaue Engel« verfilmt) und »Der Untertan« (Vorabdruck 1914, Buchausgabe 1918). In beiden Romanen, aber auch in anderen erzählerischen Werken und Essays setzte sich Heinrich Mann kritisch mit dem wilhelminischen Deutschland, dessen militaristischem und autoritätsgläubigem Milieu auseinander. Darüber zerstritt er sich öffentlich mit seinem Bruder Thomas, der zu jener Zeit noch konservativere Ansichten vertrat, erst später kam es zu einer Aussöhnung. Zusammen mit seiner Frau, der tschechischen Schauspielerin Maria Kanova, wohnte Heinrich Mann in

➤ Heinrich Mann

34

München, nach der Trennung im Jahre 1928 zog er nach Berlin.

Hier genoss der zu Ruhm gekommene Schriftsteller das Nachtleben und lernte die erheblich jüngere Bardame Nelly Kröger kennen – eine adoptierte Fischerstochter aus Niendorf/Ostsee. 1930 wurde er zum Präsidenten der Sektion »Dichtkunst« der preußischen Akademie der Künste gewählt. Nach der Machtergreifung der NSDAP flüchtete er nach Südfrankreich, wo er den zweiteiligen historischen Roman »Die Jugend des Königs Henri Quatre« und »Die Vollendung des Königs Henri Quatre« schrieb. 1939 heiratete Mann Nelly Kröger in Nizza; zusammen mit anderen deutschen Schriftstellern floh das Ehepaar 1940 über Spanien und Portugal an die Westküste der USA. Es entstanden noch einige Werke, besonders seine Autobiographie »Ein Zeitalter wird besichtigt«. Der in den USA völlig unbekannte und unbeachtete Heinrich Mann litt zunehmend unter Depressionen, die sich nach dem Selbstmord seiner Frau noch verschlimmerten.

1949 erhielt Heinrich Mann, der sich immer als demokratisch-sozialistischer Schriftsteller verstand, den ersten Nationalpreis der neu gegründeten DDR, wo er Präsident der »Deutschen Akademie der Künste« werden sollte. Er starb jedoch kurz bevor er nach Ost-Berlin übersiedeln konnte.

Thomas Mann (1875–1955)

Thomas Mann war der mittlere Sohn des Kaufmanns und Senators Thomas Johann Heinrich Mann und dessen Frau Julia, geb. da Silva-Bruhns. Im Kreis seiner Geschwister verlebte er einerseits eine behütete Kindheit, andererseits fühlte er sich von den Anforderungen seines Vaters und der Schule unter Druck gesetzt. Die Kapitel über Hanno Buddenbrook in den »Buddenbrooks« tragen deutlich autobiographische Züge. 1889 trat Thomas Mann in das Katharineum ein. Nachdem er zweimal eine Klasse wiederholen musste, verließ er das nur widerstrebend besuchte Gymnasium mit der mittleren Reife. Sein Vater war inzwischen verstorben, seine Mutter nach München gezogen, wohin er ihr folgte. Nach einem abgebrochenen Volontariat bei einer Feuerversicherungsanstalt konnte Thomas Mann wie sein Bruder Heinrich von den Zahlungen aus dem Vermögen seiner Mutter leben.

Als 21-Jähriger schrieb er die meisterhafte Erzählung »Der kleine Herr Friedemann« und begann bald darauf mit dem Roman »Buddenbrooks«. 1901 erschien das Buch bei S. Fischer in Frankfurt – obwohl es sich erst ab der zweiten Auflage 1903 wirklich gut verkaufte, wurde Thomas Mann zum jungen Star der deutschen Literaturszene und konnte von den Einkünften komfortabel leben. Der als Familien-Saga verkleidete Gesellschaftsroman avancierte zu einem der bestverkauften und meistübersetzten Romane der Weltliteratur. In Lübeck hingegen gab es neben Respekt und Stolz auch großen Unmut, denn ein Teil des Lübecker Bürgertums und auch der Verwandtschaft sah sich karikiert und verleumdet. Wenig später erschienen weitere Erzählungen, darunter die Novelle »Tonio Kröger«. 1905 heiratete Thomas Mann die Münchner Großbürgertochter Katja Pringsheim, mit der er sechs Kinder hatte, von denen die meisten selbst Autoren wurden. Vertrat er im Ersten Weltkrieg noch nationalkonservative Ansichten, die er in dem Essay »Bekenntnisse eines Unpolitischen« 1918 formulierte, die sich mit einer parlamentarischen Demokratie nicht recht anfreunden wollten, so wurde Thomas Mann bald nach deren Beginn mit der Rede »Von deutscher Republik« ein entschiedener Verteidiger der Weimarer Republik.

Zum 700-jährigen Jubiläum der Lübecker Reichsfreiheit hielt Mann 1926, obwohl schon seit 1894 in München lebend, im Stadttheater seine berühmte Rede: »Lübeck als geistige Lebensform«. Im Jahre 1929 erhielt Thomas Mann u.a. für seine »Buddenbrooks« den Nobelpreis. Nach einem Aufenthalt in der Schweiz, kam er 1939 als Gastprofessor nach Princeton in die USA, 1942 ließ er sich in Kalifornien nieder. 1952 kehrte er auf Dauer nach Europa zurück und lebte seit 1954 in der Nähe von Zürich, wo er auch verstarb. Lübeck besuchte er noch zweimal, 1953 und 1955, als er Lübecker Ehrenbürger wurde.

Erich Mühsam (1878–1934)

Erich Mühsam entstammte einem jüdisch-bürgerlichen Milieu, sein Vater war Apotheker, der im Jahre 1879 von Berlin nach Lübeck übergesiedelt war. Mühsam besuchte das Lübecker Katharinum (zeitgleich mit Thomas und Heinrich Mann), das er jedoch wegen »sozialistischer Umtriebe« verlassen musste – nachdem er den Direktor in einem ano-

> Erich Mühsam

nym erschienenen Artikel attackiert hatte. Schon als junger Mensch erwarb sich Mühsam unsterbliche Verdienste um die Lübecker Denkmalpflege: Durch heftigen öffentlichen Einspruch verhinderte er den Abriss des mittelalterlichen Hauses der Lübecker »Löwenapotheke« an der Ecke Königstraße/Johannisstraße (heute »Dr. Julius-Leber-Straße«).

Er versuchte sich als Apothekergehilfe, arbeitete aber seit 1901 als freier Schriftsteller in Berlin, wirkte in Münchner Kabaretts und als Autor bei Zeitungen und Zeitschriften. Er lernte Künstler wie Peter Hille, aber auch den Anarchisten Gustav Landauer kennen, der ihn besonders prägte. Mühsam reiste durch Europa und schrieb eingängige aggressiv-satirische Gedichte.

Führend war er an der Novemberrevolution und an der Münchner Räterepublik beteiligt. 1919 wurde er verhaftet und zu 15 Jahren Festungshaft verurteilt. Nachdem sich Prominente wie Albert Einstein, Kurt Tucholsky und Heinrich Mann, mit dem er persönlich gut bekannt war, für ihn eingesetzt hatten, kam er im Dezember 1924 frei. Im Februar 1933 wurde Erich Mühsam erneut verhaftet, in Gefängnisse und Konzentrationslager gesperrt, wo er monatelang übel gefoltert wurde, bis er am 10. Juli 1934 im KZ Oranienburg ermordet wurde.

Friedrich Overbeck (1789–1869)

Sein Vater, Christian Adolph Overbeck, war in Lübeck ein hoch angesehener Senator und Bürgermeister, der auch als Lyriker begabt war. Von ihm stammt u.a. das als Lied vertonte Gedicht »Komm lieber Mai und mache«. Schon beim kindlichen Zeichenunterricht bewies Friedrich Overbeck erstaunliche Fähigkeiten. So lag es nahe, dass er mit 16 Jahren nach Wien ging, um an der Akademie Kunst zu studieren. Hier gründete er zusammen mit anderen Studenten den »Lukasbund« (Spottname »Nazarener«), benannt nach dem Schutzheiligen der Maler. Dieser Bund arbeitete auf eine Erneuerung der Kunst aus dem Geiste des Christentums hin. Bald brachen sie das Studium in Wien ab (was damals als ein schlimmer Eklat galt) und zogen nach Rom. Nach dem Vorbild religiöser Bruderschaften bewohnte Overbeck dort mit Franz Pforr, Luwig Vogel u.a. das verlassene Kloster Sant' Isidoro. Ihre Fresken und Ölgemälde waren ausschließlich von religiösen Motiven bestimmt.

Von Overbeck stammen u.a. die Fresken in der Casa Bartholdy, die heute in der Berliner Museumsinsel zu sehen sind. Zur Erschütterung seines Vaters konvertierte er sogar zum katholischen Glauben. Overbecks streng kirchliche Kunst polarisierte die deutschen Kunstbetrachter, Goethe äußerte sich ablehnend, doch in Rom wurde sein 50-jähriges Jubiläum im großen Stil gefeiert. Overbeck starb im Alter von 80 Jahren in Rom.

Emil Possehl (1850–1919)

Nach einer 6-jährigen Lehre in einer Holzgroßhandlung trat der Kaufmannssohn in den Militärdienst ein und kämpfte im Deutsch-Französischen Krieg. Danach war er in der Eisen-, Blech- und Kohlenhandlung seines Vaters beschäftigt, deren Mitinhaber er 1873 wurde. Nach dem Tod seines Vaters übernahm er zunächst mit seinem Bruder die Firma und widmete sich hauptsächlich dem Eisen- und Stahlhandel mit Schweden. Nach einigen Jahren besaß er die Alleinver-

kaufsrechte schwedischer Erze bzw. Stahlprodukte, deren Erzeugnisse er in Japan, den USA und europäischen Ländern vertrieb. Possehl (Alleininhaber ab 1889) teilte die Firma in drei Gesellschaften auf: das Nordische Erzkontor, Possehl Eisen sowie Kohlen und Stahl. In Dänemark, Schweden und Norwegen besaß er mehrere Erzgruben und Stahlwerke.

Possehl war längst zu einem weltweit agierenden Industriellen geworden und gehörte dem Vorstand der Deutschen Bank an, gleichzeitig widmete er sich als Senator auch der industriellen Entwicklung Lübecks. 1915 wurde Possehl wegen Hochverrats angeklagt, da er während des Ersten Weltkrieges in Russland Eisenwaren produzierte. Ein Jahr verbrachte er in Untersuchungshaft, was ihn schwer belastete. 1916 wurde Possehl schließlich in allen Punkten für unschuldig erklärt und konnte auch sein Senatorenamt wieder aufnehmen.

Bereits zu Lebzeiten war Emil Possehl ein großzügiger Mäzen: 1915 vermachte er sein gesamtes Erbe – einschließlich der Firma – der Possehl-Stiftung, die sich um »die Erhaltung des schönen Bildes und der öffentlichen Anlagen der Stadt, die Unterstützung gemeinnütziger Einrichtungen, die Pflege von Kunst und Wissenschaft, die Förderung der Jugend und die Linderung der Not der Bedürftigen« kümmern sollte. Possehl starb 1919, seine Stiftung wirkt bis heute. So ist beispielsweise die neue Kunsthalle neben dem St. Annen-Museum ein Projekt der Possehl-Stiftung (www.possehl-stiftung.de).

Geschichte

Geschichtlicher Überblick

Alt Lübeck

Die erste schriftliche Erwähnung Lübecks (slawisch: Liubice) datiert in die zweite Hälfte des 11. Jahrhunderts. In seiner »Bischofsgeschichte der hamburgischen Kirche« berichtet der Chronist Adam von Bremen u.a. über die christliche **Slawenmission** im nordelbischen Raum und erzählt von Mönchen und Nonnen, die Mitte des 11. Jahrhunderts nach Lübeck geschickt worden waren. Bei diesem Lübeck handelte es sich topographisch allerdings nicht um das gegenwärtige Lübeck. Alt Lübeck lag, von der heutigen Innenstadt her betrachtet, wenige Kilometer nordwestlich – wo das Flüsschen Schwartau in die Trave fließt. Archäologen haben an dieser Stelle eine **Burgwallanlage** auf das Jahr 819 datiert.

Nachdem die meisten Germanen das Gebiet um Lübeck in der Völkerwanderungszeit verlassen hatten, siedelte

Lübeck = Liubice = die Liebliche?

Die Herkunft des Namens Liubice ist noch immer ungeklärt. Jahrzehntelang wurde der Begriff mit »lieblich« in Verbindung gebracht. Doch heute geht man davon aus, dass der Name auf einen Slawen namens »L'ubomir«, »L'ubobrat« oder »L'ub« zurückgeht und so viel wie »Ort der Leute des L'ubomir« bedeutet. Es ist möglich, dass dieser Mann einst Alt Lübeck gründete – dennoch bleibt dies eine unbeweisbare Vermutung, da über einen Slawen dieses Namens heute nichts mehr zu ermitteln ist.

seit etwa 700 n. Chr. der westslawische Stamm der Abotriten (Obodriten) im späteren Ostholstein, ebenso wie im westlichen Mecklenburg.

Die Abotriten bauten ca. 36 Befestigungsanlagen – eine davon war Alt Lübeck. Der Burgwall und die Siedlung lagen an einem wichtigen Nord-Süd-Handelsweg, der Skandinavien mit dem Mittelmeer verband. Über die in die Ostsee fließende Trave war auch der Überseehandel möglich, und so bildete **Alt Lübeck** bald ein Zentrum des abotritischen Stammesverbandes. Es entstanden eine Fürstenresidenz, Stallungen, Brunnen, Magazine, eine Kirche sowie Handwerker- und Kaufleutesiedlungen. Das Handelszentrum Alt Lübeck strahlte weit ins damalige Europa aus, jedoch führten innerslawische Machtkämpfe zum Niedergang. Im Jahr 1138 wurde Alt Lübeck durch den Wagrierfürsten Race mit seiner Flotte gründlich zerstört. Die politische und wirtschaftliche Bedeutung Alt Lübecks war erloschen.

Das neue Lübeck – Graf Adolf II. von Schauenburg

In der zweiten Hälfte des 12. Jahrhunderts ließ Adolf II. von Schauenburg, Graf von Holstein und Stormarn, das Land neu besiedeln – nach der »Slawenchronik« von Helmold von Bosau kamen Menschen aus Flandern und Holland, Utrecht, Westfalen und Friesland, die sich neben den hier verbliebenen Slawen ansiedelten.

➤ Kopf einer slawischen Gottheit

Konkurrenz zu seinem Lehnsherrn, dem ambitionierten Welfenherzog Heinrich dem Löwen. Denn das neue Lübeck betrieb eine Saline bei Oldesloe, die in Konkurrenz zur Saline Lüneburg stand, welche dem Welfenherzog gehörte. Überdies zog es immer mehr **Kaufleute** aus dem herzöglichen Bardowick nach Lübeck, weil sie sich hier – vor allem wegen des Hafens – bessere Handelsmöglichkeiten versprachen. Heinrich forderte deshalb von seinem Lehensmann die Hälfte der Stadt, was der Graf von Schauenburg – vom Charakter her wohl kaum weniger selbstbewusst als sein Lehnsherr – schlicht ablehnte. Daraufhin verbot der Löwe kurzerhand den Lübecker Handelsmarkt – zwar durften sich die Lübecker selbst noch versorgen, aber sie waren von der Fernhandelsstraße isoliert. Das hatte verheerende Auswirkungen auf die Attraktivität der Stadt. Überdies zerstörte ein Stadtbrand im Jahre 1157 die aus Holz gebaute Siedlung.

Lübecks zweite Gründung

Die neue Siedlung, die der welfische Herzog nun stiftete, befand sich an der Wakenitz, in Richtung Ratzeburg, etwas südlich vom damaligen Lübeck. Nach ihrem Gründer wurde sie »Löwenstadt« genannt. Doch bald erwies sich die Ungunst des

➤ Historisches Stadtsiegel aus Wachs

Von Helmold wissen wir weiter, dass Graf Adolf auf der Halbinsel zwischen Trave und Wakenitz namens Buku den Wall einer verlassenen Burg fand. Da ihm das Gelände vor allem für einen Hafen brauchbar schien, begann der Graf hier eine Stadt zu bauen. Selbstverständlich lag es nahe, die neue **Siedlung** nach der alten zu benennen, die sich nur sechs Kilometer traveabwärts befunden hatte. Auch sollten Bekanntheit und Ausstrahlung der alten Stadt der neuen Stadt zugute kommen.

Das neue Lübeck bestand aus drei Siedlungsteilen: der Burg (castrum), der Stadt (civitas) und dem Markt (forum). Seine Bewohner waren Slawen und Deutsche, die aus Nordwestdeutschland und Westfalen nach Lübeck gekommen waren. Adolf von Schauenburg gelang es vor allem durch seine **Besiedlungspolitik**, die neue Stadt einer wirtschaftlichen Blüte zuzuführen.

Doch mit der schnell wachsenden und prosperierenden Siedlung geriet Adolf von Schauenburg bald in die direkte

Ortes, denn die Wakenitz war für die Handelsschiffe zu flach.

Wie von Helmold überliefert ist, gab es daraufhin zähe und langwierige Verhandlungen des **Welfenherzogs** mit Adolf von Schauenburg. Und es war wohl eine Mischung aus Drohungen und Versprechungen – vermutlich war auch eine beträchtliche Summe Geldes im Spiel, mit der Herzog Heinrich den Grafen Adolf zum Einlenken brachte.

Lübeck wurde abermals neu gegründet. Für das Jahr 1159 berichtet Helmold: »Alsbald kehrten auf Befehl des Herzogs die **Kaufleute** freudig zurück, verließen die ungünstige neue Stadt und begannen, die Kirchen und Mauern der Stadt wieder aufzurichten. Der Herzog aber sandte Boten in die Hauptorte und Reiche des Nordens, Dänemark, Schweden, Norwegen und Russland, und bot ihnen Frieden, dass sie Zugang zu freiem Handel in seine Stadt Lübeck hätten. Er verbriefte dort auch eine Münze, einen

Zoll und höchst ansehnliche Stadtfreiheiten. Von der Zeit an gedieh das Leben in der Stadt und die Zahl ihrer Bewohner vervielfachte sich.«

Heinrich der Löwe hatte mehr erreicht, als er ursprünglich erwartet hatte: Er war jetzt Stadtherr geworden und konnte diese Gründung als »seine Stadt« unangefochten zur Blüte treiben. Im Jahre 1160 wurde unter Bischof Gerold sogar der Bistumssitz vom holsteinischen Oldenburg nach Lübeck verlegt.

Reichsfreie Stadt und Königin der Hanse

Trotz – oder sogar wegen – wechselnder Stadtherrschaften wuchs Lübecks Macht stetig an. Die Auseinandersetzungen zwischen Heinrich dem Löwen und Kaiser Friedrich Barbarossa blieben auch für Lübeck nicht ohne Auswirkungen. Als im Jahre 1180 die **Reichsacht** gegen Heinrich verhängt wurde, war Lübeck einer seiner Hauptstützpunkte in Nordelbien. Nachdem die Stadt von Barbarossas Heer eingeschlossen und der Herzog nach Stade geflohen war, zog der Kaiser in Lübeck ein. Friedrich I. verlieh den Lübeckern weitgehende wirtschaftliche Privilegien, die im Jahr 1188 bestätigt wurden – damit war Lübeck vom Herrschaftsanspruch der holsteinischen Grafen befreit und unabhängig.

Unterdessen gewann Lübeck als Handelsort wieder an Attraktivität. Noch im 12. Jahrhundert erforderte der rasante Zuzug von Kaufleuten eine Erweiterung des Siedlungsgebietes, so wurde die Stadt zügig nach Osten, Norden und Süden ausgedehnt. 1175 wurde das Johanniskloster vom Bene-

Heinrich der Löwe

Heinrich der Löwe entstammte der Familie der Welfen, deren Nachfahren noch heute das englische Königshaus stellen. Er war der Sohn Heinrichs des Stolzen, Herzog von Bayern und Sachsen, und Gertrud, Tochter Kaiser Lothars III. Im Alter von zwölf Jahren erbte Heinrich das Herzogtum Sachsen anstelle seines abgesetzten Vaters, 1154 erhielt er auch das Herzogtum Bayern. Durch geschickte Heiratspolitik vermehrte er Macht, Einfluss und Reichtum, nach dem Kaiser wurde er bald der mächtigste Mann im Reich. Sein Ziel war stets die Stärkung seiner Macht als Landesherr, dabei standen Sachsen und der angrenzende Norden im Mittelpunkt seines Interesses. Als Heinrich im Jahre 1168 die englische Königstochter **Mathilde Plantaganet** heiratete (die Schwester Richard Löwenherz), gelang ihm die Verbindung zwischen dem englischen und hannoveranischen Königshaus, die noch bis heute Bestand hat.

Viele Städtegründungen gehen auf den Welfenherzog zurück, neben Lübeck stiftete er die Siedlungen u.a. in Lüneburg, München und Schwerin. In Braunschweig baute er sein Machtzentrum; die Burg **Dankwarderode** – damals als Konkurrentin zu den großen Kaiserpfalzen in Aachen und Goslar gebaut – zeugt noch heute von seinen Ambitionen.

1172 nahm er an den Kreuzzügen teil. Der Kaiser in Konstantinopel empfing ihn und entbot ihm als Geschenk einen Löwen. Zurück in Deutschland, versuchte Heinrich erneut, seinen Herrschaftsbereich auszudehnen – nun vor allem nach Osten. Doch mit seiner Politik schaffte er sich viele Feinde, gegen sächsische Adlige und den Erzbischof von Köln führte er Krieg. Im Jahre 1178 kam es zum Bruch mit dem Kaiserhaus, nachdem Heinrich dem Kaiser Unterstützung in dessen **Italienfeldzug** versagt hatte.

Barbarossa leitete daraufhin auf dem Reichstag in Speyer den Prozess gegen den Herzog ein und so wurde 1180 die »Reichsacht« gegen ihn verhängt. Heinrich verlor seine Lehen und musste ins Exil nach England. Als der Kaiser 1185 ein Bündnis mit dem englischen König einging, durfte Heinrich zurückkehren und erhielt seine Lehen und Titel zurück. 1189/90 folgte ein zweites **Exil** in England, Heinrich versöhnte sich jedoch, nach dem Tode Friedrichs I. mit dessen Nachfolger und durfte abermals in sein Stammland zwischen Braunschweig und Lüneburg zurückkehren.

Letzte Versuche Heinrichs, mit Hilfe des Dänenkönigs Knut erneut in Nordelbien Einfluss zu erringen, schlugen jedoch fehl. Heinrich starb schließlich 1195 in Braunschweig, ohne seine frühere Macht wiedererlangt zu haben. Seine positiven Leistungen waren zum Teil durch seine ehrgeizige und herrschsüchtige Politik rückgängig gemacht worden.

43

➤ In den Salzspeichern wurde die kostbare Handelsware gelagert

diktinerorden auf der östlichen Seite des Stadthügels gegründet.

Durch die Erfahrung nicht nur eines Stadtbrandes klug geworden, ging man schon im ausgehenden 12. Jahrhundert zur **Steinbauweise** über. Im Gegensatz zu den gebirgigen Gebieten des mittleren und südlichen Deutschlands ist das Natursteinvorkommen in Norddeutschland schon immer gering gewesen. Stattdessen griff man auf die großen Lehmvorkommen zurück, von denen Lübeck – wie andere norddeutsche Städte auch – umgeben ist. Diese von Sand und Eisen durchmischte Form des Tones eignet sich insbesondere zur Herstellung von **Backsteinen**. In der nahen Umgebung der aufblühenden Stadt entstand eine regelrechte Ziegelindustrie, in deren Betrieben der Lehm in Modeln geformt, getrocknet und schließlich gebrannt wurde. Das Bild der Lübecker Altstadt wird noch

heute von dieser Backsteinbauweise geprägt.

1173 wurde mit dem Bau des steinernen Domes im Süden der Altstadtinsel begonnen, hier war schon gut zehn Jahre zuvor die hölzerne Nikolaikirche errichtet worden. Um die Mitte des 13. Jahrhunderts wurden die Arbeiten zum Bau der Kirchen St. Marien, St. Jakobi, St. Petri und St. Aegidien aufgenommen.

Diese umfangreichen Kirchenprojekte lassen zum einen darauf schließen, dass sich immer mehr Menschen aus den schon länger christlich missionierten Gebieten südlich und westlich der Stadt in Lübeck ansiedelten. Andererseits sind sie neben dem gotischen Rathaus und den prächtigen Bürgerhäusern Ausdruck des Reichtums der Lübecker Bürger.

Mit der wirtschaftlichen Blüte wuchs auch die politische Macht. Das Rechtssystem der Stadt, das »lübische

Recht«, galt als Vorbild für andere Hansestädte und zahlreiche Neugründungen im missionierten Osten – es wurde von vielen Orten rund um die Ostsee übernommen. Das Gleiche galt für den Baustil. Die gotische Marienkirche, die ihrerseits auf den französischen **Kathedralenbau** zurückgeht, wurde zum Vorbild vieler Kirchen im Ostseeraum, etwa der Nikolaikirche in Stralsund, der Zisterzienserkirche von Doberan oder der Marienkirchen in Rostock und Greifswald.

Die politischen Ereignisse des Jahres 1201 führten dazu, dass sich die Herrschaftsverhältnisse über die Stadt Lübeck abermals änderten. Der dänische König Waldemar II. eroberte Nordelbien und erhob sich zum Stadtherrn. Lübeck gehörte nun zum dänischen Großreich. Im Jahr 1202 musste die Stadt dem dänischen König Knut und 1203 seinem Sohn Waldemar II. als »dominus nordalbingiae« (Herr Nordelbiens) huldigen.

Als Waldemar jedoch im Jahr 1225 vom Schweriner Grafen festgenommen wurde und seine Herrschaft über Nordelbien beendet war, bangten die Lübecker erneut um ihre Eigenständigkeit. Kurzerhand schickte der **Lübecker Rat** eine Delegation ins italienische Parma, um sich die von Friedrich I. »Barbarossa« einst beurkundeten Privilegien von Kaiser Friedrich II. bestätigen zu lassen. Um die Ansprüche der holsteinischen Grafen ein für alle Mal abzuweisen, reisten die Lübecker mit einer leicht verfälschten Version des Barbarossa-Privilegs nach Italien. Alle Hinweise auf den eigentlichen Stadtgründer Adolf II. von Schauenburg waren getilgt und Heinrich der Löwe als Gründer der Stadt ausgegeben worden. Und die Lübecker hatten Erfolg: Im »Reichsfrei-

heitsbrief« erklärte Friedrich II., dass Lübeck ihm und seinen Nachfolgern direkt unterstehe und nicht an andere Stadtherren veräußert werden könne. Lübeck war nun eine **Freie Reichsstadt**, die ihre Unabhängigkeit mehr als 700 Jahre, nämlich bis zum Jahre 1937, behalten sollte.

Unterdessen rüstete der Dänenkönig Waldemar II. erneut zum Angriff auf Nordelbien. Die entscheidende Schlacht der norddeutschen Bundesgenossen fand am 22. Juli 1227, dem Tag der heiligen Maria Magdalena, bei **Bornhöved** (ungefähr 50 Kilometer nordwestlich von Lübeck) statt. Spätere Berichte vermischen Legendäres und Historisches: So soll der Lübecker Bürgermeister am Morgen der Schlacht gelobt haben, für die Tagesheilige ein Kloster zu errichten, wenn die Dänen besiegt würden. Und, so die Überlieferung, am Beginn der Schlacht habe die Sonne die Lübecker so geblendet, dass sie ihre Feinde kaum sehen konnten. Doch plötzlich habe Maria Magdalena

➤ Typisches Speicherhaus aus Backstein

➤ Holz und Pelze aus Russland waren begehrte Handelsgüter

enburgern oder anderen die Herrschaft über Lübeck beanspruchenden Mächten usurpiert werden. Nach dem **Reichsfreiheitsbrief** und der gegen Waldemar II. gewonnenen Schlacht bei Bornhöved 1227 war, wie es ein Historiker eindrucksvoll formulierte, Lübeck »wirklich faktisch von stadtherrlicher Gewalt frei und stand nun im kühlen Winde der Freiheit und der Aufgabe einer Selbstbehauptung aus eigener Kraft«.

Die Lübecker siegten und in der Folgezeit wuchs die Stadt stetig. Außer dem dominikanischen Maria-Magdalenen-Kloster entstanden das franziskanische Katharinenkloster sowie das **Heiligen-Geist-Hospital**. Am Markt errichtete man ein Gewand- und ein Kaufhaus – hier kamen auch die »consules«, der Rat der Stadt, unter. Später bildete der gesamte Komplex das Rathaus. In diese Zeit fällt auch der Bau der »Dielenhäuser« mit Speicherräumen in den oberen Stockwerken und einer großen Diele im Erdgeschoss. Nach Köln war Lübeck bald die größte Stadt nördlich des Mains. Die Einwohnerzahl stieg von rund 15.000 am Anfang des 13. Jahrhunderts auf 25.000 im 15. Jahrhundert. Zum Vergleich: Hamburg zählte Anfang des 13. Jahrhunderts nur 5000 Einwohner.

Lübecks Reichtum stützte sich hauptsächlich auf das **Salz**, denn es war nicht nur zum Würzen nötig, sondern vor allem als Konservierungsmittel für Fisch und andere Nahrungsmittel unabdingbar. Fisch, v.a. Hering und Stockfisch, waren billiger als Rind- und Schweinefleisch und deshalb besonders für die ärmere Bevölkerung die wichtigste Eiweißquelle. Hinzu kam das Fleischverbot in der Fastenzeit und an Freitagen, das dazu führte, dass man an diesen Tagen Fisch aß. In

ihren Mantel vor die Sonne gehalten, die Lübecker Kämpfer gewannen die Übersicht und siegten.

Auf dem Gelände der damaligen Burg im Norden der Stadt erbauten die Lübecker ein Dominikanerkloster, das sie Maria Magdalena weihten. So konnte das strategisch günstig gelegene Burggelände nicht mehr von den Schau-

46

➤ Heringe waren ein wichtiges Grundnahrungsmittel

der ganzen südlichen Ostsee, besonders aber im Gebiet des südschwedischen Schonen, dessen Heringsschwärme legendär waren, wurden große Mengen Fische gefangen, die nur mit Salz zu konservieren waren. Im Jahr 1350 wurden aus den Salinen Lüneburgs, die ein wichtiger Handelspartner waren, 15.000 Tonnen Salz über Lübeck verhandelt.

Doch Lübecks Reichtum beruhte nicht nur auf dem Handel mit Salz. Im Mittelalter und in der frühen Neuzeit war Lübeck **Fernhandelsort** und es wurde mit Getreide, Pelzen und Bienenwachs aus Russland, mit luxuriösen Woll- und Leinenstoffen aus Flandern, Nordfrankreich oder dem Westen Deutschlands und mit Bernstein von den Stränden der östlicheren Ostsee, mit Wein vom Rhein, aber auch aus Frankreich gehandelt.

Aber der Fernhandel war immer wieder gefährdet – vor allem durch wechselnde politische Verhältnisse und durch Piraterie. Dies und der Wille, die Interessen miteinander abzustimmen, führte die Fernhändler, die über Lübeck den Ostseehandel trieben, schließlich zur Gründung der »Hanse«.

Im Verlauf des 14. Jahrhundert wurde die Stadt – wie auch andere norddeutsche Städte, z.B. Bremen (1365/66) oder Braunschweig (1374/80) – durch einige Schicksalsschläge und durch innere Unruhen erschüttert: 1313–1317

➤ Der Fisch wurde mit Salz konserviert

➤ Kontor eines deutschen Kaufmanns

kam es wegen einer drastischen Ver-teuerung des Getreidepreises infolge europaweiter Missernten zu Hungers-nöten, unter denen auch in Lübeck Teile der ärmeren Bevölkerung zu lei-den hatten. Wie überall in Europa wü-tete um 1350 die **Pest** in Lübeck. Ihr fiel etwa ein Viertel der Stadtbevölke-rung zum Opfer.

Konfliktreich gestaltete sich auch das Verhältnis zwischen Rat und Bürger-schaft auf der einen sowie dem Bi-schof und dem Domkapitel auf der anderen Seite. Immer wieder stritten im späten 13. und frühen 14. Jahr-hundert Bischof und Domkapitel um die Besetzung von Pfarrstellen in den städtischen Kirchen. In einem Kom-promiss erlangte die weltliche Partei das Recht, einen Domherrn für die Marienkirche zu bestellen, den der Bischof einzusetzen hatte. Für andere Kirchen bekamen die Bürger ein Vor-schlagsrecht und für eine weitere blieb es beim alleinigen Recht der Kirche, einen Pfarrherrn zu bestellen.

Aufgebrachte Bürger gingen sogar so weit, die Häuser der Domherren zu ver-wüsten, und schließlich wurde die An-gelegenheit vor der päpstlichen Kurie verhandelt. Es war das Verdienst **Hein-rich Bockholts**, Bischof in Lübeck von 1317 bis 1341, dass der Frieden zwischen Kirche und Bürgern wieder-hergestellt werden konnte. Bockholt war der erste Nichtadlige auf dem Lü-becker Bischofsstuhl – der erste, der ei-ner Lübecker Familie entstammte. Er galt als fromm und friedliebend und soll den Bau des Chorraums im Dom sowie das dazugehörige Gewölbe aus eigener Tasche finanziert haben.

Als **Freie Reichsstadt** war Lübeck seit 1226 direkt dem deutschen Kaiser unterstellt, also unabhängig vom Landesherrn und von den Kaisern weitgehend unbehelligt. Der Luxemburger Karl IV. kam im Herbst des Jahres 1375 nach Lübeck, und dem an Geldnot leidenden Herrscher war viel daran gelegen, ein gutes Verhältnis mit der mächtigen und reichen Handelsstadt zu pflegen. Zur allgemeinen Überraschung betitelte der Kaiser Bürgermeister und Rat mit »Herren« – damit anerkannte er die Macht und den Einfluss der Lübecker Kaufleute auf ihrem Höhepunkt. Lübeck war die Königin der Hanse, war diese Anrede bislang doch nur Fürsten und anderen Hochadligen vorbe-

➤ Grabmal Heinrich Bockholts

Lübecks moderne Wasserversorgung

Der Moskauer Metropolit Isidor war im Jahre 1438 auf dem Weg zu einem Konzil nach Italien, dabei machte er für vier Wochen Station in Lübeck. Ein namentlich Unbekannter aus seinem Gefolge hat uns Folgendes überliefert:

»Und wir erblickten die Stadt, die wundervoll ist. Felder waren da und kleine Hügel und schöne Gärten. Und die Paläste waren ganz wundervoll und mächtig. Und von Waren jeder Art war die Stadt voll. Und das Wasser fließt in Röhren durch sie über alle Straßen und anderes aus Brunnensäulen kalt und süß ... Und hier sahen wir am Fluss, 100 Klafter abseits vom Kloster, ein Rad gebaut, das Wasser aus dem Fluss schöpft und es in alle Häuser treibt.«

Tatsächlich versorgten im hohen und späten Mittelalter Wasserkünste und ein 9100 Meter langes unterirdisches Netz von Rohren zwei Drittel der Stadt mit fließendem Wasser. Diese für damalige Verhältnisse außerordentliche Modernität der Wasserversorgung muss für die Moskauer Besucher tatsächlich unglaublich gewesen sein. Lübeck war zusammen mit Breslau im Komfort der Wasserversorgung nördlich der Alpen führend – zumal, wenn man bedenkt, dass noch in der ersten Hälfte des 20. Jahrhunderts erst 50 Prozent der schleswig-holsteinischen Landhaushalte Zugang zu fließendem Wasser besaßen. Die Initiative ging von der mächtigen Zunft der Brauer aus, die viel und möglichst reines Wasser benötigte. Bier zählte im Mittelalter zu den Grundnahrungsmitteln und war im Gegensatz zu Brunnenwasser durch seinen Alkoholgehalt (wenn der auch geringer war als heute) ein einigermaßen keimfreies Getränk.

➤ Lübeck, Holzschnitt aus einer Weltchronik aus dem 16. Jahrhundert

halten. Als die Lübecker diese Anrede zurückweisen wollten, erklärte Karl IV. kurz und bündig: »Ihr seid Herren!«

Im Jahre 1380 kam es zu einem Aufstand der **Knochenhauer** (Schlachter). Dieser selbstbewusste, weil für die Ernährung der Stadt unentbehrliche Berufsstand fühlte sich vom Rat durch Gängelung und hohe Marktgebühren benachteiligt sowie von den politischen Entscheidungsprozessen ausgeschlossen. Einige Missstände, vor allem in der Ämtervergabe, wurden in der Folgezeit wohl beseitigt, aber an eine politische Mitbestimmung war auch weiterhin nicht zu denken.

Einen weiteren Aufstand zettelte im Jahre 1384 der Kaufmann Hinrich Paternostermaker an. Mit Hilfe einer Gruppe von sich degradiert fühlenden Handwerkern und Mitverschwörern (sogar aus dem holsteinischen Adel) wollte er das Rathaus stürmen. Doch die Verschwörung wurde verraten. Hinrich Paternostermaker beging Selbstmord – die Strafe für den Hochverrat wurde noch an seinem Leichnam vollzogen und der leblose Körper wurde auf das Rad geflochten. Seinen Mitverschwörern erging es nicht besser.

Reformen, Reformation und Niedergang der Hanse

Was schon im 14. Jahrhundert begann, setzte sich im 15. Jahrhundert fort. Das Bürgertum trat gegenüber dem Rat immer selbstbewusster auf.

Bei einem Streit um Steuererhöhungen formierte sich ein »Sechziger-Ausschuss« Lübecker Bürger, der vom Rat als Gesprächspartner anerkannt werden musste. Der Verlauf der **Verfassungsbewegung**, die die Wahl des Rates durch die Bürger forderte, führte dazu, dass ein Teil der Ratsmitglieder floh und sich ein neuer Rat bildete. Dieser zeigte sich schließlich kompromissbereit und verglich sich mit dem alten Rat.

Gut hundert Jahre später erreichte – wenn auch mit einiger Verzögerung – die reformatorische Lehre Martin Luthers schließlich die Hansestadt. Einige Bürgersöhne, die in Wittenberg studiert und Luther gehört hatten, verbreiteten Anfang der 20er-Jahre des 16. Jahrhunderts die reformatorische Lehre im Lübecker Bürgertum, dazu kamen Wanderprediger aus dem deutschen Westen und den Niederlanden. Und die **Hanse**, die sich bislang noch nie mit religiösen Fragen befasst hatte, sah sich allmählich gedrängt, den protestantischen Aufruhr, der schnell zu einem Politikum wurde, unter Kontrolle zu bringen. Auf dem Hansetag im Sommer 1525 konnten sich der Lübecker Rat und insbesondere Bürgermeister Nikolaus Brömse aber mit ihrem strikt antireformatorischen, kaisertreu-katholischen Kurs nicht durchsetzen.

Auch innerstädtisch kam es zu harten Konfrontationen, wobei hier wie anderswo religiöse Bekenntnisfragen mit Steuer- und grundsätzlicher Verfassungspolitik verknüpft wurden. Der

katholische Rat verfügte, dass zwei reformatorische Prediger 1528 ihrer Ämter enthoben wurden – beide mussten die Stadt verlassen. Andererseits machten Vertreter der Bürgerschaft ihre Zustimmung zu einer Sondersteuer des Rates von dessen Genehmigung reformatorischer **Predigerstellen** abhängig, was jedoch 1528 noch nicht durchgesetzt werden konnte. Es musste aber in der folgenden Zeit ein 48-köpfiger Ausschuss gebildet werden, der sich paritätisch aus Vertretern der Handwerker und Kaufleute zusammensetzte. Der 48er-Ausschuss verknüpfte die Forderung nach evangelischen Predigerstellen konsequent mit der etwaigen Zustimmung zu neuen Steuern.

Es kam zu einem Kompromiss: Der Bürgerausschuss bewilligte eine gleichmäßige finanzielle Belastung für »Geistlich und Weltlich, Junker und Kaufmann, Reich und Arm, Bürger und Gäste« und bekam dafür viel: In Zukunft war seine Mitwirkung in finanziellen Fragen gesichert und

schließlich sollte in den vier Kirchspielkirchen evangelisch gepredigt, in St. Aegidien das evangelische Abendmahl gereicht werden.

Freilich war der katholische Bürgermeister so nachgiebig, weil er insgeheim hoffte, der Reichstag von Augsburg werde diese Reformen wieder verbieten – zumal die altkirchliche Liturgie ohnehin noch bewahrt war. Tatsächlich kam es sogar zu einem Verbot dieser Reformen, jedoch wurde in Lübeck eine derart gewaltige Empörung ausgelöst, dass Brömse das Fortschreiten der reformatorischen Bewegung und die weitere Beteiligung der Bürger an politischen Entscheidungen zusichern musste.

Im so genannten »**Singekrieg**« vom Dezember 1529 wurde die katholische Liturgie durch das lautstarke Absingen lutherischer Choräle gestört. Unzählige sakrale Gegenstände und Kunstschätze wurden geplündert – nur wenig später wurden ganze 97 Zentner Silber kurzerhand einge-

Jürgen Wullenwever und das »revolutionäre« Lübeck

Jürgen Wullenwever war ein geborener Hamburger und gehörte dem Lübecker Bürgerausschuss des Jahres 1530 an. Er war ein rhetorisch hochbegabter und mitreißender Vertreter der Interessen der Handwerker und Kaufleute, die nicht zu den eingesessenen Ratsfamilien gehörten. 1533 wurde **Wullenwever** einer der vier Bürgermeister und stürzte sich und seine Stadt in außenpolitische Händel, die schnell zu Abenteuern gerieten. Die Niederlande traten auch im Ostseeraum mehr und mehr als Handelsmacht auf, so dass sie Lübecks Vorherrschaft zu gefährden drohten. Wullenwever gefiel das gar nicht, und sich herausgefordert fühlend, brach er die so genannte Kaperfehde gegen die holländische Handelsflotte vom Zaun, die jedoch nichts als gewaltige Kosten mit sich brachte. Als die Stimmung der Lübecker zu Ungunsten Wullenwevers zu kippen drohte, reagierte der einstige Kämpfer für mehr **Bürgerrechte** mit einer Verordnung, die jegliche Kritik am Rat verbot. Sein rhetorisches Talent half ihm überdies, die Bürger in aufrüttelnden Reden noch einmal auf seine Seite zu ziehen. Kriegerisch mischte er sich in den dänischen Thronfolgestreit ein, versprach auf der Suche nach Bündnispartnern nacheinander gleich einigen Akteuren den dänischen und dann auch noch den schwedischen Thron. Gleichzeitig wurden Wullenwever und das »revolutionäre« Lübeck von jenen Mächten und Städten, die der alten Ordnung anhingen, grundsätzlich mit Misstrauen betrachtet, nicht zuletzt vom aus dem Hause Habsburg stammenden katholischen Kaiser Karl V.

Als dieser - immerhin als Stadtherr Lübecks - im Jahre 1535 darauf drängte, die alte Ordnung in der Stadt wiederherzustellen, mussten sich die Lübecker zum ersten Male wirklich bedroht fühlen. Es war in seiner Niederlage eine große Geste, dass Wullenwever daraufhin die Stadt verließ, um die Lübecker nicht in Gefahr zu bringen. Schließlich gelang es katholischen Kräften in Norddeutschland, Wullenwever festzunehmen und ihm den Prozess zu machen. Jürgen Wullenwever wurde am 29. September 1537 in Wolfenbüttel hingerichtet. In Lübeck herrschte wieder die alte Ratsordnung unter Beibehaltung der Reformation. Auf diese Weise hatte die weltliche Obrigkeit - im Gegensatz zur vorreformatorischen Zeit - nun auch noch den direkten Zugriff auf das kirchliche Leben, mithin sogar auf die Glaubenspraxis der Bürger.

schmolzen und zu Münzen verarbeitet, um damit kriegerische Auseinandersetzungen zu finanzieren.

In der Folgezeit wurden auch die gotischen Fresken übertüncht, die erst im 20. Jahrhundert wieder freigelegt wurden. Aber die Reformation erneuerte auch das kulturelle und soziale Leben der Stadt. Johannes Bugenhagen, ein gelehrter und prominenter Mitstreiter Martin Luthers, kam nach Lübeck und reformierte das Bildungs- und Sozialwesen: In dem bisherigen Franziskanerkloster St. Katharinen gründete er eine Schule, die bis heute als »Katharineum« fortbesteht. Das bislang von Dominikanern geführte **Burgkloster** wurde ein Spital, das Heiligen-Geist-Hospital zu einem Altersheim umfunktioniert.

Unter Bürgermeister Wullenwever geriet Lübeck außenpolitisch zunehmend unter Druck. Der machtbewusste Neubürger führte die Hansestadt mit der so genannten »Grafenfehde« nahezu an den finanziellen Ruin. Als Wullenwever sich und seine Stadt nach dem Tod des Dänenkönigs Friedrich I. 1533 auch noch in den dänischen Thronfolgestreit einmischte, musste er am Ende einsehen, dass sich die Lübecker militärisch überschätzt und strategische Fehler begangen hatten. Das Kriegsglück wendete sich gegen Lübeck – und im **Frieden von Hamburg** (1536) musste Lübeck schließlich den jahrelang bekämpften Christian III. als dänischen König anerkennen. Damit war der über viele Jahrzehnte dauernde Konflikt zwischen Dänemark und dem Haupt der Hanse um den Einfluss im Ostseeraum zuungunsten Lübecks entschieden worden.

1544 schlossen Karl V. und Christian III. den Frieden zu Speyer, der den Holländern die freie Durchfahrt durch den Sund gestattete. Obwohl einige Hansestädte von Lübecks zeitweise revolutionären Verhältnissen irritiert waren und Wullenwevers stürmische Machtpolitik Unwillen hervorgerufen hatte, blieb die Stadt das Haupt der Hanse – einer Hanse allerdings, die nun zunehmend in die Krise geriet. Das Erstarken der Territorialstaaten und der Verlust von Handelsprivilegien z.B. in England, die zunehmend divergierenden Interessen der Hansestädte untereinander und die sinkende Bedeutung der Hansetage minderten die einstige Macht der Hanse. Im Dreißigjährigen Krieg gelang es der **Hanse** schließlich nicht mehr, ihre angestrebte Neutralität zu bewahren. Die Städte, so auch Lübeck, waren mehr und mehr auf sich selbst gestellt, und Lübeck musste für seine Neutralität kräftig zahlen – sowohl an den deutschen Kaiser als auch an den schwedischen König. Immerhin blieb Lübeck auf diese Weise, im Gegensatz zu vielen anderen deutschen Städten, von Plünderung und Zerstörung durch die Kriegstruppen verschont. Dennoch war durch die kriegerischen Auseinandersetzungen für Lübeck der **Ostseehandel** zeitweise völlig zum Erliegen gekommen. Als am 10. und 11. Juni 1669 in Lübeck ein Hansetag stattfand, ahnten die meisten Abgesandten wohl nicht, dass sie an der letzten Zusammenkunft teilnahmen. 1684 war in einem Brief des Lübecker Rates nach Hamburg schon die Rede von »derer vormals gewesener Hansestädte«. Die Hanse gab es nicht mehr, Lübeck verlor seinen Einfluss und Hamburg begann, Lübeck an Größe und Wirtschaftsmacht zu überflügeln.

»Mache Dein Lübeck erfreuet und groß!«

1686/87 komponierte der Lübecker **Dietrich Buxtehude**, wegen seiner Kantaten, Motetten und Orgelstücke einer der bedeutendsten Komponisten seiner Zeit, die Festkantate auf Lübeck »Schwinget euch himmelan, Herzen und Sinnen«. Der Kantatentext, dessen Autor vermutlich Buxtehude selbst ist, vermittelt einerseits das Selbstbewusstsein der protestantischen Lübecker seiner Zeit. Dies ist geprägt von einer nahtlosen Übereinstimmung zwischen geistlicher Verkündigung und dem Wunsch nach weltlich-materiellem Wohlergehen. Wer aber genauer liest, bemerkt andererseits das Sorgenvolle, ja Flehentliche des Kantatentextes, der als Ausdruck aktueller Befindlichkeiten der Lübecker Bürger gelesen werden muss – zwischen Bangen und Hoffen.

Bleibe, o Vater, ach bleibe genädig,
Halte Dein Lübeck in segnender Hand,
Mache von sündlichem Wesen uns ledig,
Werde mit dankbaren Lippen bekannt.

Betet und flehet, flehet und betet:
Vater, ach Vater, Dein heiliges Wort
Lasse uns seliglich leuchten hinfort.

Lasse die Obrigkeit glücklich regieren,
Schlage die Laster durch diese ins Grab,
Wollest das Rathaus mit Weisheit bezieren,
Schütte viel Gnade auf dieses herab.
Alle vor Schaden und Feinden behüt.
Betet und flehet, flehet und betet:
Herrscher, die Herrscher mit Segen beschütt,
Treibe ganz ferne des Krieges Getümmel,
Hunger und Seuchen von hinnen verfliehn.
Halte die Alten aus offenem Himmel,
Lasse die Jungen zur Tugend erziehn.

Betet und flehet, flehet und betet:
Vater, vertreibe die schädliche Wut,
Kröne mit Segen die Leiber, den Mut.

Häufe das Kaufen mit reichlichem Segen,
Handel und Wandel uns wachse herzu,
Lasse die Schiffe zum Segen bewegen,
Stärke die Werker mit Leben und Ruh!

Betet und flehet, flehet und betet:
Vater, Dein segenerfülleter Schoß
Mache Dein Lübeck erfreuet und groß!
Amen.

➤ Die markanten Doppeltürme der Marienkirche

57

Die Entwicklung bis zum 19. Jahrhundert

Die gewaltigen Abgaben im Zusammenhang mit den Kriegen und wohl auch die Einbrüche des Handels führten erneut zu schweren inneren Finanzkrisen. Unter der drohenden Last höherer Abgaben begehrte das Bürgertum gegen den Rat auf und forderte Mitbestimmung über die Gelder wie auch über andere Angelegenheiten. Im »Bürgerrezeß« von 1669 setzte es u.a. Mitwirkungsrechte bei der Erhebung außerordentlicher Steuern, bei der Entscheidung über Krieg und Frieden, bei Bündnisabschlüssen, beim Bau neuer Befestigungen sowie beim An- und Verkauf städtischen Grund und Bodens durch.

Während die Ostsee in der ersten Hälfte des 17. Jahrhunderts zunehmend in die kriegerischen Auseinandersetzungen zwischen Schweden und Dänemark und deren Kriege mit anderen europäischen Mächten hineingezogen wurde, erreichte Lübeck – wie auch Bremen und Hamburg – in den Jahren 1678/79 die Anerkennung als souveräner Partner auf politischem und wirtschaftlichem Gebiet in Europa.

Hatte Lübeck auch seine Vormachtstellung verloren, so war es den Lübeckern doch gelungen, sich nach manchen Krisen zu konsolidieren. Lübeck war ein bevorzugter Handelspartner Russlands, handelte aber nach wie vor auch mit Skandinavien und Frankreich. Der traditionelle **Weinhandel** mit Frankreich erreichte nach dem Dreißigjährigen Krieg eine besondere Steigerung. Seit 1675 wurde aus Frankreich mehr Wein importiert als das zuvor so wichtige Baiensalz (benannt nach dem Ort Bayonne). Für das späte 18. Jahrhundert sind Zahlen belegt: Aus Frankreich importierte Lübeck zu Lande und zu Wasser mehr als 1,8 Millionen Liter Wein, 1804 sogar mehr als 5,5 Millionen Liter, dazu noch große Lieferungen Branntwein und Malagawein. Doch diese Mengen waren nicht nur für den Konsum in Lübeck bestimmt, die Stadt verhandelte den überwiegenden Teil des Weines in den europäischen Osten und Norden. Lübeck war schon seit dem Mittelalter eine bedeutende Weinstadt, und bis heute hat hier der »Rotspon« eine jahrhundertelange Tradition: Der aus Frankreich importierte Wein wird einige Jahre in Eichenfässern gelagert, was ihm eine besondere Note verleiht.

Aus Frankreich importierte Lübeck aber u.a. auch Kaffee, Pflaumen, Südfrüchte, Essig und Öl. Nach Frankreich wurden Getreide, Holz und andere Rohstoffe geliefert. Aus Skandinavien kamen Eisen, Holz, Teer, Pech und Fi-

> Die Mühlenstraße um 1880

➤ Große Burgstraße um 1880

sche, während nach Skandinavien insbesondere Wein, Salz, Tuch, Blech, Zucker, Hopfen und Glas verhandelt wurden – ebenso nach Russland, woher man Juchten (Leder), Talg, Wachs und Segeltuch bezog. Allgemein herrschte also eine gewisse Kontinuität: Die meisten Güter, mit denen Lübeck vom 17. bis zum 19. Jahrhundert handelte, waren auch schon im Mittelalter Handelsgüter gewesen.

Im 18. Jahrhundert entwickelte sich ein vitales Bürgertum, das sich den

➤ Der berühmte Rotspon aus Lübeck

Künsten und der Literatur zuwandte und sich im Geiste der Aufklärung auch sozial engagierte. Das erste Lübecker Theater wurde 1752 in der Beckergrube erbaut, bereits ein Jahr zuvor erschien die erste Lübecker Zeitung, die »Lübeckischen Anzeigen«. Im Jahr der Französischen Revolution (1789) gründeten einige gebildete Herren die »Litterarische Gesellschaft«, aus der kurze Zeit später die einflussreiche »Gesellschaft zur Beförderung gemeinnütziger Tätigkeit« hervorging – sie besteht bis heute und stiftete 1791 eine Rettungsanstalt für im Wasser Verunglückte, 1795 eine Sonntagsschule für Knaben und eine Zeichenschule, 1797 eine Industrieschule für bedürftige Mädchen sowie 1807 das Lehrerseminar.

War Lübeck im **Nordischen Krieg** (1700–21) von den durchziehenden Truppen schwer gebeutelt worden, hatte es nun unter den Auswirkungen der Franzosenherrschaft zu leiden. 1801 wurde Lübeck von den Dänen besetzt, aber beim Reichsdeputationshauptschluss im Jahr 1803 wurde der

> Breite Straße um 1880

Stadt eine ganze Reihe nördlich von Lübeck liegender Ortschaften zugesprochen – immerhin eine kleine Entschädigung.

Mit der Auflösung des **Deutschen Reiches** (1806) gehörte Lübeck zu den sechs freien Reichsstädten und schloss mit Hamburg und Bremen den Bund der Freien und Hansestädte. Lübeck war nun ein souveräner deutscher Staat, aber die Franzosen standen noch immer ante portas.

Die Schlacht von Jena und Auerstedt war von den napoleonischen Truppen am 14. Oktober 1806 gewonnen worden und nur wenige Tage später besetzten sie Berlin und Potsdam. General Blücher setzte sich in nordwestlicher Richtung ab, um Zeit für den Anmarsch der russischen Verbündeten zu gewinnen. Verfolgt von den Franzosen, erreichte er mit schlecht ernährten und entkräfteten 8000 Soldaten Lübeck und verlangte barsch

seine und deren Aufnahme. Blücher verschanzte sich mit seinen Truppen in der Stadt. Drei französische Marschälle stürmten auf die Stadt zu: Bernadotte gegen das Burgtor im Norden, Soult gegen das Mühlentor im Süden und Murat gegen das Hüxtertor im Osten. Blücher konnte den französischen Truppen nicht lange standhalten und zog sich mit seinen verbleibenden Truppen nach **Ratekau** zurück, wo er sich geschlagen geben musste. Wer heute durch den Pariser Arc de Triomphe schreitet, kann dort immer noch den in Stein gemeißelten Namen des vor Lübecks Toren gelegenen Dorfes Ratekau finden.

Die Art, wie französische Soldaten in der Folgezeit in Lübeck hausten, kam ehrenvollerweise durch einen Franzosen an die europäische Öffentlichkeit. Der nach Lübeck emigrierte Schriftsteller Charles de Villers schrieb einen detaillierten und bestürzten Bericht an Napoleons Schwägerin. Er berichtete von Vergewaltigungen, Misshandlungen, Verwüstungen und Plünderungen. Napoleon selbst bedauerte nur wenig später offiziell die üble Behandlung der Lübecker Bevölkerung, aber dies half den Lübeckern in ihrer misslichen Lage nur wenig: Die stolze Stadt wurde durch **Handelssperren**, das Maß ihrer Wirtschaftskraft sprengenden Zwangsabgaben und vor allem auch durch politische Drangsalierungen von der französischen Besatzungsmacht gedemütigt. Lübecks Beamte, Lehrer und Pastoren wurden auf Napoleon vereidigt, das gesamte Rechtswesen verändert und vereinfacht – was manche Lübecker allerdings begrüßten.

Und immerhin: Lübeck durfte sich jetzt, sofern es darauf Wert legte, »Bonne ville de l'Empire français« nennen.

> Das Holstentor um 1880

Das Desaster des Winterfeldzuges 1812 und Napoleons Niederlage befreite im Spätwinter 1813 auch Lübeck wieder von der französischen Herrschaft – aber das rüde Vorgehen der französischen Besatzung hatte das seit Jahrhunderten schon wegen der guten Handelsbeziehungen exzellente Verhältnis der Lübecker zu Frankreich empfindlich gestört. Lübeck war wirtschaftlich erschöpft. 1831/32 wurde die Bevölkerung noch dazu von einer **Choleraepidemie** bedroht – vor allem war die in Lübecks südwestlichem Teil an der Obertrave lebende, vorwiegend ärmere Bevölkerung betroffen. Hier war die Wasserversorgung extrem unhygienisch.

Das Lübecker Bürgertum hingegen zog es aus der Stadt hinaus in seine **Sommerhäuser**. Da Lübeck nun seit einiger Zeit ohnehin eine, wenngleich auch ländlich geprägte Vorstadt besaß, wurde 1864 die längst anachronistisch gewordene nächtliche »Torsperre« aufgehoben. Wer konnte, zog »vor's Tor« – vor das Burgtor und vor das Mühlentor, wo prächtige Villenviertel entstanden. 1863 sollte Lübeck an das Bahnnetz angeschlossen werden – da störte eigentlich das westlich gelegene Holstentor und sollte abgerissen werden. Es ist dem entschiedenen Votum des Senats und nur einer Bürgerschaftsmehrheit von 42 zu 41 Stimmen zu verdanken, dass es nicht dazu kam. 1865 war es dann so weit, Lübeck wurde an das **Eisenbahnnetz** angeschlossen. In Folge der zunehmenden Industrialisierung entstanden in allen europäischen Städten Arbeitersiedlungen – in Lübeck vor allem westlich des Holstentores. Das traditionelle Lübecker Bürgertum verlor seine Mehrheit, versuchte dies aber durch ein ungerechtes Klassenwahlrecht zu kompensieren. Das lübeckische Selbstbewusstsein changierte zwischen dem Stolz einer freien Reichsstadt, die wirtschaftlich pros-

---

**»... in einem fremden Land ...«
Nikolai Gogol (1809–1852)**

Der russische Schriftsteller begab sich 1836 auf eine große Auslandsreise, die ihn erst 1841 in seine Heimat zurückführte. Mit einem Dampfer kam er 1836 nach Lübeck und berichtete seinen Schwestern in einem Brief von seinen Eindrücken.
»Wir fuhren, fuhren, und endlich, nach einer Woche, legten wir an einem Ufer an, wo uns alles, was wir erblickten, neu war: Die Stadt ist nicht so gebaut wie unsere Städte, die Menschen sprechen ganz und gar nicht russisch, kurzum, wir waren in einem fremden Land. Schmale Straßen gibt es da, manche sind so schmal, dass man die Hand aus dem Fenster strecken und die Hand dessen, der gegenüber wohnt, drücken kann. Die Häuschen haben eine kleine Grundfläche, sind dafür aber ungewöhnlich hoch, es gibt welche mit fünf und sechs Obergeschossen. In Lübeck aß ich zu Mittag, dann reiste ich weiter nach Hamburg.«

Als Kaiser Wilhelm II. 1891 die Stadt besuchte, nannte er sie »die deutscheste Stadt der deutschen Städte«. In den Jahren 1895 bis 1900 wurde die Infrastruktur weiter ausgebaut, Lübeck war nun durch den Elbe-Trave-Kanal mit dem deutschen Kanal- und Flussnetz verbunden.

Lübeck im 20. Jahrhundert

Genau zur Jahrhundertwende, im Jahr 1900, stellte der junge und einer Lübecker Kaufmannsfamilie entstammende Autor Thomas Mann in München seinen Roman »**Buddenbrooks. Verfall einer Familie**« fertig. Das Werk sorgte für einigen Aufruhr nicht nur in Lübecker Bürgerfamilien, sondern auch bei den eigenen Verwandten. Der Roman wurde zuerst weniger als literarisches Ereignis, sondern als ein die Lübecker Gesellschaft darstellender Schlüsselroman wahrgenommen. Nach dem Ende des Ersten Weltkrieges wurde endlich das Wahlrecht zur Bürgerschaft reformiert – die Wahlbe-

➤ Die Marienkirche um 1880

perierte, und der Unsicherheit gegenüber dem anwachsenden Proletariat. Lübecker Bürgerkinder sangen auf der Straße: »Hamburg, Lübeck und Bremen / Die brauchen sich nicht zu schämen, / Denn sie sind eine freie Stadt, / Wo Bismarck nichts zu sagen hat.«

»Lübeck als geistige Lebensform«

1926, zur 700-Jahr-Feier der Reichsfreiheit Lübecks, kehrte Thomas Mann in seine Heimatstadt zurück und wollte sich rechtfertigen.
In seiner Rede kommt er auf »Die Buddenbrooks« und sein künstlerisches Selbstverständnis zu sprechen:
»Es kam der Tag und die Stunde, wo mir klar wurde, dass niemals der Apfel weit vom Stamme fällt; dass ich als Künstler viel ›echter‹, viel mehr ein Apfel vom Baume Lübecks war, als ich geahnt hatte; dass diejenigen, die, beleidigt durch gewisse kritische Schärfen des Buches, einen Abtrünnigen und Verräter, einen Entfremdeten hatten in mir sehen wollen, tatsächlich im Unrecht waren und dass es sich nicht nur bei diesem Buch, sondern auch bei allen anderen, bei meinem ganzen Künstlertum, meiner ganzen Produktivität, so bedeutend oder unbedeutend sie nun sein mochte, nicht um irgendwelches bohemisiertes und entwurzeltes Virtuosentum, sondern um eine Lebensform, um Lübeck als geistige Lebensform handelte.«

➤ Blick auf die Lübecker Stadtmauer um 1880

rechtigung war nun unabhängig vom Steuersatz und galt auch für Frauen. Die folgende Zeit der Weimarer Republik war in der Lübecker Bürgerschaft vor allem durch scharfe Auseinandersetzungen der Rechten und Linken geprägt. 1921 wurde der aus dem Elsass stammende **Julius Leber** Redakteur der sozialdemokratischen Zeitung »Lübecker Volksbote«, bald auch Abgeordneter der Lübecker Bürgerschaft und des Reichstages. Leber, rhetorisch ungewöhnlich begabt, war bald unumstrittenes Haupt der Lübecker Sozialdemokratie. Zu seinen Hauptgegnern zählte der parteilose, aber ultrakonservative Bürgermeister Johann Martin Andreas Neumann – dieser war 1920 von den Initiatoren des so genannten »Kapp-Putsches« als Reichskanzler vorgesehen. Als dies 1926 bekannt wurde, sprach ihm die Bürgerschaft ihr Misstrauen aus, obwohl ihm eine Beteiligung an dem rechtsradikalen Putschversuch nicht nachzuweisen war. Doch seine persönliche Verbindung mit Republik-feinden reichte der Bürgerschaft aus, und Neumann musste am 2. Juni 1926 zurücktreten. Dies war der Vorabend zur Siebenhundertjahrfeier der Reichsfreiheit. Zu ihr erschien Thomas Mann und hielt im Stadttheater die Festrede unter dem Titel »Lübeck als geistige Lebensform«.

Im Jahr 1930 wurde Lübeck von der größten Katastrophe im deutschen Krankenhauswesen erschüttert: An **Tuberkulose** erkrankte Säuglinge wurden mit dem in Frankreich erprobten Calmette-Präparat versorgt. Aber das Medikament war verunreinigt, und es starben 72 Säuglinge. Der Prozess gegen die verantwortlichen Ärzte sorgte in ganz Deutschland für großes Aufsehen.

Wie überall in Deutschland erstarkten nach der Weltwirtschaftskrise auch in Lübeck die Nationalsozialisten. Der Lübecker **Willy Brandt** (eigtl. Herbert Frahm), der als Gymnasiast und junger Sozialist Verbindungen zu Genossen auch anderer Städte pflegte, beschrieb später zwar, dass die Begeis-

63

➢ »SA marschiert ...«

terung für den Nationalsozialismus in Lübeck vergleichsweise unterdurchschnittlich ausgeprägt war, aber das Wahlergebnis von 1932 spricht eine andere Sprache. Dennoch bleibt erstaunlich, dass die SPD 1932 und auch noch bei den Märzwahlen des Jahres 1933 doppelt so stark war wie im übrigen Reich.

Schließlich erhielt Lübeck auch einen nationalsozialistischen Senat und wurde »gleichgeschaltet«. Das so genannte **»Groß-Hamburg-Gesetz«** aus dem Jahre 1937 beendete überdies die jahrhundertelange Freiheit der alten Hansestadt. Hamburg bekam Altona zugesprochen, und Lübeck fiel an die preußische Provinz Schleswig-Holstein – damit verlor Lübeck nach 711 Jahren seine Reichsfreiheit.

In der Pogromnacht des Jahres 1938 verschonten die Nationalsozialisten die 1880 eingeweihte Synagoge, weil das benachbarte St. Annen-Museum nicht gefährdet werden sollte. Die

letzten Juden wurden 1941 aus Lübeck deportiert und in die Vernichtungslager gebracht. Dazu kamen noch 605 psychisch kranke Menschen aus der Heilanstalt Strecknitz, die ebenfalls abtransportiert und ermordet wurden.

In der Nacht vom 28. zum 29. März 1942 war Lübeck die erste deutsche Stadt, die von einem **Bombenangriff** betroffen war: 234 teils neuartige Bomber der britischen Royal Air Force warfen 304 Tonnen Bomben auf Lübeck. Neben den schon vorher bekannten Sprengbomben, Stabbrandbomben und Granaten setzte die Royal Air Force erstmals auch Flüssigkeitsbrandbomben ein. Diese enthielten eine Benzol-Kautschuk-Lösung, die von einer geringen Beigabe Phosphor entzündet wurde. Teile der Stadt, insbesondere der Altstadt, brannten in der Folge bis zu 32 Stunden. Es gab 320 Tote, rund 800 Verletzte und 15.000 Obdachlose. Der Dom, St. Marien und St. Petri wurden schwer getroffen, überdies wurden zahlreiche historische Bauten zerstört.

Der **Bombenangriff** traf Lübeck völlig unvorbereitet, und er war letztlich eine Generalprobe für die Angriffe auf weitere deutsche Städte. Doch bei allem Unglück war der Stadt später ein gnädiges Schicksal beschieden. Der 1938 aus Hamburg geflohene jüdische Bankier Eric Warburg erfuhr 1942 als britisch-amerikanischer Verbindungsoffizier, dass Lübeck bei einem erneuten Angriff vollends dem Erdboden gleichgemacht werden sollte. Der kunstsinnige Lübeck-Liebhaber war von dieser Vorstellung schockiert und nahm mit dem Diplomaten und damaligen Präsidenten des Internationalen Roten Kreuzes, Carl Jacob Burckhardt, Verbindung auf. Burckhardt erreichte, dass Lübeck auch von den Kriegsgegnern als Umschlagplatz für Briefe und Liebesgaben an Kriegsgefangene beider Seiten anerkannt wurde. Bis auf eine Ausnahme, die in einer Rüstungsfabrik 110 Tote, darunter 39 ausländische Zwangsarbeiter, forderte, wurde Lübeck nicht mehr behelligt.

Als am 2. Mai 1945 britische Truppen in Lübeck einmarschierten, war der Krieg beendet. Nur einen Tag spä-

ter versenkten britische Flugzeuge das Passagierschiff »Cap Arcona« und den Frachter »Thielbek« in der Lübecker Bucht – in Unkenntnis der Tatsache, dass auf beiden Schiffen 7000 ehemalige KZ-Insassen untergebracht waren, die auf diese Weise den Tod fanden. Obwohl das britische Besatzungsregiment in Lübeck als relativ korrekt, in Einzelfällen sogar als freundlich erlebt

➤ Die zerstörte Alfstraße, im Hintergrund die Marienkirche

➤ Die herabgestürzten Glocken der Marienkirche

wurde, litt die Stadt Hunger und Not. Mit den Auswanderungswellen aus dem bis dahin deutschen Osten kamen überdies fast 100.000 Vertriebene und **Flüchtlinge** in die Hansestadt.

Lübeck wurde nun zur Grenzstadt: Seine östliche Grenze war zugleich auch die Grenze zur sowjetischen Besatzungszone, später die Grenze zur DDR. Als der »Kalte Krieg« zwischen Ost und West in vollem Gange war, prägte der britische Premierminister Winston Churchill den Begriff vom

65

➤ Blick über Lübeck, im Hintergrund die St. Jakobikirche

»Eisernen Vorhang«, der Europa von Triest bis Lübeck spaltete. Überdies scheiterten alle Versuche, Lübeck wieder in einen freien Stadtstaat wie Bremen oder Hamburg werden zu lassen. Die folgenden Jahre des Wiederaufbaus brachten Lübeck eine Zeit der Prosperität, und auch die Integration der Vertriebenen gelang hier in erstaunenswerter Weise. Lübeck wurde wieder der größte deutsche **Ostseehafen**, auch mit Fährverbindungen nach Skandinavien. In den frühen 1960er-Jahren konnte endlich auch die Silhouette mit den sieben Türmen wiederhergestellt werden.

Mitte der 50er-Jahre erregte Lübeck großes Aufsehen durch einen auch das Komische streifenden Fälscherskandal: Die Restauratoren Lothar Malskat und Dietrich Fey legten in der Marienkirche angeblich mittelalterliche Wandmalereien frei, über die renommierte Kunsthistoriker sich zu früh freuten: denn die Malereien waren nicht nur mittelalterlich, sondern von den Restauratoren Fey und Malskat gekonnt verfälscht und ergänzt worden. Es kam deshalb 1955 zu einem Skandal, dem ein Prozess gegen die Verfälscher folgte. Die Schöpfungen Feys und Malskats wurden wieder entfernt.

Im Jahre 1955 verlieh die Hansestadt dem aus Lübeck stammenden Literaturnobelpreisträger **Thomas Mann** die Ehrenbürgerwürde. Zum ersten Mal fanden 1956 die »Nordischen Filmtage« in Lübeck statt. Hier stellten (und stellen bis heute) skandinavische und baltische Länder ihre neuen Filmproduktionen vor. Unter den europäischen Cineasten gelten die »Nordischen Filmtage« längst als das »Cannes des Nordens«.

In den Jahren des »Wirtschaftswunders« drohte der Fortschrittswahn jene Teile Lübecks zu vernichten, die im Zweiten Weltkrieg verschont blieben. Die Zerstörung historischer Bausubstanz zugunsten moderner Betonplätze konnte erst in den 1970er Jahren durch einige Lübecker Bürger

➤ Blick über Lübeck vom Hafen

gestoppt werden, die sich im »Lübeck-Forum« zusammenfanden. Die Initiative lebt bis heute in der »Bürgerinitiative Rettet Lübeck« (BIRL) fort, und kämpft – nicht immer erfolgreich – für die Erhaltung historischer Substanz der Lübecker Altstadt. 1972 verlieh die Stadt dem Friedensnobelpreisträger **Willy Brandt** die Ehrenbürgerwürde.

Die »Wende« 1989 hatte für Lübeck eine besondere Bedeutung. Bisher an der Grenze zur DDR gelegen, rückte Lübeck wieder in das Zentrum der Ostseeanrainer. So verwundert es nicht, dass die Lübecker ihren mecklenburgischen Nachbarn ein großes Wiedersehensfest bereiteten. Nach Berlin war Lübeck jene deutsche Großstadt, die am stärksten von der **Wiedervereinigung** geprägt wurde. Seitdem haben sich auch Lübecker und West-Mecklenburger vereint: Mecklenburger arbeiten in Lübeck, manche Lübecker zogen in die beschaulichen Dörfer Mecklenburgs.

Und endlich gelang es der Stadt, das »Buddenbrook-Haus«, das großelterliche Haus Thomas und Heinrich Manns, zu erwerben. Im Verlauf der 1990er-Jahre entstand hier das **Heinrich-und-Thomas-Mann-Zentrum**, das seither viele Besucher anlockt.

Auch einen anderen Literaturnobelpreisträger zog es nach Lübeck: Günter Grass fand in Lübeck einen Ersatz für seine Heimatstadt Danzig. In der Glockengießerstraße, schräg gegenüber der Katharinenkirche, unterhält er sein Büro, und hier entstand das **»Günter Grass-Haus«**, das, für Besucher geöffnet, insbesondere Teile seines graphischen und bildhauerischen Werkes präsentiert.

In den 1990er-Jahren wurde Lübecks Altstadt von Bauvorhaben geprägt, die publizistisch auch deutschlandweit umstritten waren: Im Zentrum, an der Königstraße, wurde auf historischem Grund 1993/94 die »Königpassage« errichtet. Sie beherbergt Läden gehobenen und mittleren Ni-

67

➤ Stuckdetails

veaus sowie Restaurants. Der »Königpassage« gegenüber verdoppelte
sich gleichzeitig eine Kaufhauskette:
Nördlich und südlich des »Schran-
gens« zwischen der Königstraße und
der »Breiten Straße« stehen nun zwei
etwas überdimensionale Kaufhäuser,
deren äußere Gestaltung aber dezent
ist. Beide Bauvorhaben führten zu ge-
setzlich vorgeschriebenen archäologischen **Großgrabungen**, die Lübecks
Stellung in der nord-mitteleuropäi-
schen Archäologie ausbauten – wie
auch die Großgrabung westlich der
Marienkirche, die mit Unterbrechungen von 1985 bis 2004 durchgeführt
wurde und in Deutschland einzigar-
tige Holzbaukonstruktionen des hohen Mittelalters freilegte.
1995 entstand das Parkhaus zwischen
der »Wallstraße« und der »Possehlstra-
ße« nahe dem Holstentor und dem
Bahnhof, das mit einem renommierten **Architekturpreis** ausgezeichnet
wurde.

Unweit des Bahnhofs wurden 2003
die weitläufigen »Lindenarcaden«,
fertig gestellt, ein Komplex, der Ge-
schäfte und Büroräume beherbergt.
Nur wenige Meter entfernt verschö-
nerte die Stadt 2004 das Areal nahe
der »Puppenbrücke«. Derzeit wird der
historische Lübecker Hauptbahnhof
umgebaut, der Umbau wird sich vermutlich noch hinziehen. 2004 wurde
an der »Untertrave«, nahe den »Me-
dia-Docks« und der Kongresshalle,
also gegenüber der **Altstadt**, wie in
vielen anderen deutschen Großstäd-
ten eine künstliche Strandlandschaft
eingerichtet – eine reichlich kuriose
Idee, gibt es doch 14 Kilometer nördlich, in Lübeck-Travemünde, einen
Naturstrand.
Zwar trauern alteingesessene Lübecker zuweilen der freien Reichsstadt
und Königin der Hanse nach, fühlen
sich aber glücklich in der vielleicht
schönsten norddeutschen Stadt, die
ihr Charisma nie verloren hat.

Chronik

1293	Der Lübecker Rat wird anstelle von Visby als höchste Rechtsinstanz von den anderen Hansestädten anerkannt
1329	Lübeck erwirbt Travemünde, Weiterbau des Domes
1349	und 1353 Landfrieden Lübecks und Hamburgs mit den Fürsten Holsteins und Mecklenburgs
1356	Erster allgemeiner Hansetag in Lübeck, Beginn der »Städtehanse«
1370	Friede zu Stralsund mit Dänemark, Bestätigung der Handelsrechte
1390–98	Bau des Stecknitzkanals zwischen Trave und Elbe
1426–35	Hansekriege gegen Dänemark um die Hanseprivilegien und den Sundzoll
1477–79	Errichtung des Holstentors
1502	Gründung des Augustinerinnenklosters St. Anna (heute St. Annen-Museum)
1523	Wahl Gustav I. Wasas zum schwedischen König mit Lübecks Hilfe. Lübeck erhält Monopolstellen im Schwedenhandel
1530/31	Johannes Bugenhagen verfasst im Auftrag Luthers eine Schul- und Kirchenordnung. Das Katharinenkloster wird humanistisches Gymnasium
1534	Gegen den Willen der Hanse Eingriff Wullenwevers in die dänische Thronfolge und Krieg gegen Christian III., Grafenfehde
1537	Verurteilung und Enthauptung Wullenwevers in Wolfenbüttel; Hamburger Friede
1563	Lübeck führt im Bund mit Dänemark Krieg gegen den Schweden könig Erich XIV., Nordischer Krieg
1570	Frieden von Stettin, Zusicherung der Handelsfreiheit mit Russland, Vorbau des Rathauses im Renaissancestil
1629	Friedensschluss zwischen dem Kaiser und dem dänischen König in Lübeck

71

1630	Letzter Hansetag in Lübeck, Dreierbündnis mit Hamburg und Bremen
1648	Bestätigung der Reichsfreiheit Lübecks im Westfälischen Frieden
1665/69	Verfassungsänderungen: Eine Bürgerschaft aus 15 Kollegien von Kaufleuten, Gewerbetreibenden und Handwerkern wird gebildet, die Verfassung bleibt bis 1848 in Kraft
1803	Reichsdeputationshauptschluss; durch Zahlungen an die Franzosen bleibt Lübeck eine von sechs freien Reichsstädten
5.11.1806	General Blücher kommt mit den Resten der bei Jena und Auerstedt geschlagenen Armee und wird trotz Neutralität von Lübeck aufgenommen, Blücher wird von den Franzosen vertrieben. Die Kontinentalsperre Napoleons (Verbot des Englandhandels) lässt die Wirtschaft der Stadt zusammenbrechen
1811	Die Stadt wird dem Kaiserreich Frankreich unmittelbar angegliedert, die Stadt erhält eine französische Gemeindeverfassung
1813	Lübeck beteiligt sich im Rahmen der Hanseatischen Legion im norddeutschen Raum an den Befreiungskriegen gegen Napoleon, am 5.12.1813 wird es von schwedischen Truppen unter Bernadotte befreit
1815	wird die Selbständigkeit Lübecks vom Wiener Kongress bestätigt
1838	Lübeck, von dänischem Gebiet umgeben, muss auf der Straße nach Hamburg Transitzoll bezahlen
1848	Verfassungsänderungen durch die Revolution: die Bürgerschaft wird nach allgemeinem Wahlrecht als Landesparlament gewählt, Senatsmitglieder von der Bürgerschaft auf Lebenszeit bestimmt
1895	Bau des Nord-Ostsee-Kanals, der unter Umgehung Lübecks den Zugang zur Nordsee ermöglichte
1895–1900	Lübeck baut mit Preußen den mittelalterlichen Stecknitz-Kanal zum Elbe-Lübeck-Kanal aus. Lübeck wandelt sich zur Industriestadt

1937	Durch das Groß-Hamburg-Gesetz geht Lübeck an Preußen über. Damit ist die seit 1226 gegebene Reichsunmittelbarkeit endgültig beseitigt
1942	Ein großer Teil der historischen Altstadt wird in der Nacht vom 28. auf den 29.3. durch britischen Bombenangriff zerstört
1948	Beginn des Wiederaufbaus nach dem historischen Grundriss mit Veränderungen
1955	verleiht die Hansestadt dem aus Lübeck stammenden Literaturnobelpreisträger Thomas Mann das Ehrenbürgerrecht
1956	finden, teilweise auf private Initiative, die ersten »Nordischen Filmtage« statt, die unter europäischen Cineasten seither als das »Cannes des Nordens« gelten
1972	erhält der Friedensnobelpreisträger Willy Brandt die Ehrenbürgerwürde
1987	als letzte Kirche in Lübeck wird St. Petri (Innenraum) wiederhergestellt. Die UNESCO erklärt die gesamte Altstadt mit ihren architekturhistorisch und archäologisch bedeutsamen Bauten zum Weltkulturerbe
9.11.1989	Öffnung der Grenzübergänge Schlutup und Mustin (bei Ratzeburg). In Lübeck wird die Grenze nach der Wende bei Eichholz/Herrenburg geöffnet
1993	850 Jahre Hansestadt Lübeck
2001	Seit dem 1.6. fliegt Ryan-Air zweimal täglich vom Flughafen Blankensee nach London-Stansted
2002	Die Flenderwerke, die letzte Lübecker Großwerft, meldet Insolvenz an. 200 Jahre Seebad Travemünde. Im Oktober wird das Günter Grass-Haus eröffnet
2004	Eröffnung des Welcome-Centers am Holstentorplatz 1
2005	Der Herrentunnel ersetzt die Klappbrücken über die Trave; der Neubau am Lübecker Markt wird eröffnet. Das Arosa-Resort-Hotel in Travemünde, ehem. Kurhaushotel, nimmt den Betrieb auf

73

Sightseeing

1. Vom Westen in die südliche Altstadt

Stationen:
Puppenbrücke, Holstentor, Salzspeicher, St. Petri-Kirche, Herz-Jesu-Kirche, Dom, Wallanlagen, St. Annen-Kloster, Lübecker Synagoge, St. Aegidien-Kirche

Ausgangspunkt ist die **Puppenbrücke** (Nr. 1) – sie führt über den Stadtgraben und verbindet die Bahnhofsgegend mit der Lübecker Altstadt. Diesen Namen trägt die Puppenbrücke wegen der Statuen auf beiden Seiten. Es sind Repliken jener Originalstatuen, die Dietrich Jürgen Boy 1774–76 geschaffen hatte. In antikisierender Weise stellen die linken Figuren (vom Bahnhof her gesehen) Neptun und Merkur dar, daneben stehen die Allegorien der Freiheit und des Friedens. Auf der rechten Seite sind die Versinnbildlichungen der Kardinalstugenden Klugheit, Tapferkeit und Eintracht sowie der Flussgott Trave zu sehen (die Originale sind heute im St. Annen-Museum untergebracht).

Die Puppenbrücke gewährt einen eindrucksvollen Blick auf die **sieben Türme der Hansestadt**, die die Silhouette Lübecks prägen. Von links nach rechts erblickt man die Kirchtürme: St. Jakobi, die zweitürmige St. Marienkirche, St. Petri, St. Aegidien und den zweitürmigen Dom. Ein Hinweis für denjenigen, der die Stadt zum ersten Mal besucht: Die beiden monumentalen zweitürmigen Kirchen St. Marien und Dom unterscheiden sich schon von weitem dadurch, dass die Türme des Domes mit Strebebalken verbunden sind.

Von hier aus ist auch das **Holstentor** (Nr. 2) zu sehen, das 1469–1478 nach dem Vorbild flandrischer Brückentore erbaut wurde. Es war das mittlere Tor einer Gesamtanlage, deren andere Tore abgebrochen wurden. Mitte des 19. Jahrhunderts drohte auch das Holstentor abgerissen zu werden, um der Eisenbahntrasse nach Büchen freie Bahn zu geben. Nur einer knappen Einstimmenmehrheit in der Bürgerschaft und dem energischen Einspruch des damaligen Bürgermeisters ist es zu verdanken, dass das Holstentor heute noch steht und schließlich zum Symbol alter deutscher Stadtherrlichkeit wurde.

Was für viele repräsentative Lübecker Gebäude typisch ist, zeigt sich schon an den beiden wehrhaften Türmen des Holstentores mit ihren

Emanuel Geibel

Der Lübecker Dichter Emanuel Geibel reimte scherzhaft über die Statue des Merkur:

»Zu Lübeck auf den Brücken,
da steht der Gott Merkur.
Er zeigt in allen Stücken
olympische Figur.
Er wusste nichts von Hemden
in seiner Götterruh,
drum streckt er allen Fremden
den blanken Podex zu.«

➢ Links:
Die Merkur-Statue auf der »Puppenbrücke«

> Details am Holstentor: Backsteinornamente zieren
das mittelalterliche Stadttor

tracht im Innern, Frieden draußen.« Auf der zur Stadt gerichteten Seite des Holstentores ist ein Kürzel angebracht, das an die antike Tradition der Römischen Republik erinnern sollte: »S.P.Q.L.« Ausgeschrieben steht es für: »Senatus populusque Lubicensis«, übersetzt: »Senat und Lübecker Volk.« Hinzufügen darf man: »... haben dies erbaut.«

Das Holstentor beherbergt das Holstentormuseum, das die Geschichte der Lübecker Kaufleute wie auch der Backsteingotik darstellt.

> Holstentor-Museum, Museums-Hotline 01805/929200 (0,14 €/min), Fax 122-4183, mkk@luebeck.de, Apr – Dez, Mo – So 10 – 18 Uhr, Jan – Mrz, Di – So 11 – 17 Uhr, Gruppenführungen auf Anfrage

Rechts vor dem Holstentor steht die **Holstentorhalle**, ein bemerkenswertes Zeugnis der Architektur der 1920er-Jahre, erbaut als Ausstellungshalle nach Plänen von Friedrich Wilhelm Virck anlässlich der 700-Jahr-Feier der Lübecker Reichsfreiheit im Jahr 1926. Rechts hinter dem Holstentor, direkt vor der Trave und der Holstenbrücke, stehen die historischen **Salzspeicher** (Nr. 3). Diese Backsteingiebelhäuser entstammen dem 16., 17. und 18. Jahrhundert. Das Salz aus Lüneburg – als Konservierungsmittel besonders für Fisch – in den gemäßigten und warmen Zonen Europas unabdingbar, war ein wichtiges Handelsgut der Lübecker Kaufleute.

Wenn der Besucher nun die Holstenbrücke und damit die Trave überquert, sollte er sich erst einmal nach

Kegeldächern: der Wechsel von rot und schwarz glasierten Ziegelsteinen. Wer sich die Mühe macht, den rechten Holstentorturm (vom Bahnhof aus gesehen) im Profil zu betrachten, wird sich unschwer an den berühmten Turm im norditalienischen Pisa erinnert fühlen.

Auf der nach außen gewandten Seite des Holstentores steht über der Toreinfahrt die lateinische Wendung »CONCORDIA DOMI FORIS PAX«, was frei übersetzt heißt: »Ein-

> Rechts:
Blick auf das Holstentor

➤ Salz war im Mittelalter zur Konservierung (u.a. von Fisch) von großer Bedeutung, die alten Salzspeicher zeugen noch heute vom Lübecker Reichtum

rechts wenden und in die Straße »**An der Obertrave**« einschwenken. Heute sind diese Häuser hauptsächlich (wenn auch nicht ausschließlich) vom neuen Lübecker Bürgertum bewohnt, und kaum mag man glauben, dass noch im fortgeschrittenen 19. Jahrhundert die Armut an der Obertrave groß war. So groß, dass hier zu dieser Zeit noch eine Cholera-Epidemie ausbrach – aufgrund einer miserablen Trinkwasserversorgung, die schon im

hohen Mittelalter, also gut fünf Jahrhunderte vorher, in anderen Lübecker Innenstadtvierteln viel komfortabler und vor allem hygienischer gewesen war. Traufenständige oder giebelständige Häuser im Renaissance- und Barockstil, Gänge und Durchgänge säumen zur Linken den Weg. Je weiter es geht, desto idyllischer wird es. Wer die Muße hat, die Obertrave erst einmal zu Ende zu gehen, wird zum »**Malerwinkel**« kommen, der seinen Namen schlicht deshalb trägt, weil er das Motiv vieler malerischer Stadtansichten wurde. An der Obertrave gibt es empfehlenswerte Lokale, im Sommer kann man hier herrlich im Freien sitzen.

Von hier könnte man direkt zum Dom hochgehen, es empfiehlt sich aber, wieder etwas zurückzuschlendern und bei der Musikhochschule in die »**Große Petersgrube**« einzuschwenken. Der gesamte untere rechte Teil der prachtvollen »Großen Petersgrube« wird von der international renommierten Lübecker Musikhoch-

schule genutzt. Die Fassaden der alten Kaufmannshäuser sind durch die
mittelalterliche Backsteingotik, durch
das Barock und den Klassizismus geprägt, jedoch ist die innere Substanz
der Häuser zumeist mittelalterlich.
Das **Haus Nr. 15** verdient einige Auf-
merksamkeit, denn die obere Back-
steinfassade neigt sich deutlich nach
rechts. Die mittelalterlichen Lübecker
bedurften bei ihrer rasanten Bautätig-
keit einer Mülldeponie und fanden eine pragmatische Lösung: Das gesamte Gebiet südlich und nördlich der
»Großen Petersgrube« an der Trave
war damals unbefestigt, von moo-
rig-weichem Grund durchzogen und
eigentlich unbebaubar. Hier lagerte
man den Bauschutt, befestigte ihn
durch Holzbohlen und hatte kurzerhand neues Land gewonnen. Die
Grenze zwischen dem immer schon
festen Untergrund und dem neu gewonnenen Land zog sich vermutlich
genau durch das heutige Grundstück
der »Petersgrube 15«. Das künstlich

➢   An der Obertrave lässt es sich gemütlich flanieren,
      speisen oder einfach nur sitzen…

gewonnene Land gab im Laufe der
Jahrhunderte nach und das Haus
neigte sich ein wenig nach rechts.
Beachtenswert ist auch die kleine Gas-
se »Kolk«, in der es ein Marionettentheater gibt.

▶ Marionettentheater
   Kolk 20–22, Kartentelefon 0451/
   70060

Durch die »Große Petersgrube« oder
die parallele »Kleine Petersgrube« ge-

81

➤ Blick auf die Petrikirche

langt man zu St. Petri, die man durch den Nordeingang nahe am Turm betritt. Die Baugeschichte der **St. Petri-Kirche** (Nr. 4) begann Mitte des 13. Jahrhunderts, zuerst als eine dreischiffige Hallenkirche, die später zu einer fünfschiffigen umgestaltet wurde. 1942 wurde St. Petri bei einem Bombenangriff besonders schwer getroffen und erst 1987 vollständig wieder aufgebaut. Die Kirche hatte fortan keine eigene Gemeinde mehr und wäre in den 1950er-Jahren beinahe wieder katholisch geworden. Gut 400 Jahre nach der Reformation schickte sich die evangelisch-lutherische Kirche an, eine der fünf mittelalterlichen Kirchen zu verschenken. Das Geschenk wurde von der katholischen Kirche jedoch abgelehnt, da man befürchtete, die Wiederaufbaukosten nicht aufbringen zu können.

Nicht zuletzt deshalb war die Kirche lange Zeit ein Stiefkind des Wieder-

aufbaus – es wurde sogar ihr völliger Abriss diskutiert. Erst lübscher Bürgersinn und die Gründung eines Bauvereins führten zur Rettung der Kirche. Neben den Gottesdiensten finden hier Konzerte, aber auch literarische Veranstaltungen statt, und derzeit organisiert der frühere SPD-Vorsitzende und Ministerpräsident Björn Engholm Ausstellungen, wozu der lichtdurchflutete Raum mit seiner weißen Tünchung ideal ist. Seit einiger Zeit gibt es in St. Petri jedes zweite Jahr, künftig wohl jedes Jahr, im Juni eine »Literarische Nacht«, in der namhafte Autoren aus dem deutschsprachigen Raum unter einem bestimmten Themenschwerpunkt aus ihren neuen Werken lesen.

Lohnend ist der Besuch der **Aussichtsplattform** auf dem Turm von St. Petri, die bequem mit dem Fahrstuhl zu erreichen ist. Von hier sieht man nicht nur die gesamte Lübecker Altstadt, sondern bei gutem Wetter auch Travemünde und Teile Mecklenburgs.

Rechts über die Schmiedestraße, den »Klingenberg« und den »Pferdemarkt«, dann schräg rechts die »Parade« hinunter ist der Weg zum Dom in den Süden der Lübecker Altstadt leicht zu finden. Rechter Hand liegt die neugotische, katholische Propsteikirche **Herz-Jesu** (Nr. 5). Von hier aus ist der Dom bereits zu sehen.

Rechts vor dem Dom befindet sich das Arsenal oder Zeughaus, in dem heute die **Völkerkunde-Sammlung** (Nr. 6) untergebracht ist.

♦ Völkerkunde-Sammlung
Parade 10, Museums-Hotline
01805/929200 (0,14 €/min),
vks@luebeck.de, Di–So 10–17
Uhr

➤ Rechts:
Die katholische Propsteikirche Herz-Jesu

➤ Blick auf den Dom

Der **Dom** (Nr. 7), Bischofssitz des ev.-
luth. Sprengels Holstein/Lübeck, ist
die älteste Kirche auf dem Lübecker
Altstadt-Hügel. Schon vor der Grund-
steinlegung durch Heinrich den Lö-

➤ Zeichen Heinrichs des Löwen:
   die Löwenplastik vor dem Lübecker Dom

wen im Jahre 1173 gab es an dieser
Stelle einen hölzernen Vorgängerbau.
Der Dom – obwohl um die Mitte des
13. Jahrhunderts fertig gestellt – ist
stark romanisch geprägt. Während
in den südlicheren Gebieten Deutschlands und Frankreichs bereits der Stil-
wechsel von der Romanik zur Gotik
vollzogen war (z.B. Kölner Dom),
erreichte die moderne Bauform wie
auch die christlichen Missionsbemü-
hungen Norddeutschland erst mit
einer gewissen Verspätung. Die dreischiffige Hallenkirche mit Querschiff
ist mit ihren 130 Metern der längste
Kirchenbau in Lübeck. Der pracht-
volle Chor wurde erst später im gotischen Stil in der ersten Hälfte des
14. Jahrhunderts angebaut (geweiht
1341). Das Dominnere wird durch ein
spätgotisches Meisterwerk von Bernt
Notke bestimmt – das **Triumphkreuz**, fertig gestellt im Jahre 1477.
Es ist als »Lebensbaum« gestaltet, auf
seinem Geäst befinden sich zahlreiche

kleine Figuren: Apostel, Propheten und Schutzheilige. Wie auch bei traditionellen Kreuzigungsszenen stehen unter dem Kreuz Maria und der Jünger Johannes, darüber hinaus und direkt am Kreuz knien aber Maria Magdalena und der Stifter des Triumphkreuzes, Bischof Albert Krummedik. Auf den Seitenpfosten wurden Adam und Eva platziert.

Hinter dem Triumphkreuz befindet sich der **Lettner**, der damals den Chorraum mit den Domherren und dem Bischof von den Laien trennte. Der Lettner steht auf Granitpfeilern und birgt Darstellungen, die entweder auch von Bernt Notke geschaffen wurden oder seiner Werkstatt entstammen. Zu sehen sind u.a. Maria auf der Mondsichel, der heilige Nikolaus, dem die hölzerne Vorgängerkirche geweiht war, Johannes der Täufer und St. Blasius, der Schutzheilige der Steinhauer, Bauarbeiter und Maurer. Neben dem Kreuzgang und zahlreichen **Kunstschätzen** ist besonders der »Altar der kanonischen Tageszeiten« rechts neben dem Triumphkreuz sehenswert. Der Altar stammt aus dem ersten Drittel des 15. Jahrhunderts und handelt vom Leiden Christi. Er ist unterlegt mit fast zur Gedichtform gerafften lateinischen Gebeten, welche die einzelnen Leidensstationen reflektieren.

Auch der Dom wurde 1942 bei einem Bombenangriff stark beschädigt. Nach dem Wiederaufbau trennte man die romanisch-gotische Halle vom erneuerten Ostchor durch eine Glaswand, der Altar wurde in das Zentrum des Mittelschiffes verlegt. Zwar schon im Chor, aber noch diesseits der Glaswand steht das **Taufbecken** aus dem Jahr 1455. Das Grabmal Bischof Heinrich Bockholts, der besonders den Bau des Ostchores förderte

und wohl auch weitgehend selbst finanzierte, aber kurz vor dessen Weihe 1341 verstarb, bildet den Mittelpunkt des Hochchores hinter der Glaswand. Im letzten Jahrhundert erlebten die Gebeine Bockholts eine makabre Irrfahrt. Als sein Grab durch Bomben aufgerissen wurde, brachte ein Gestapomann einige der Knochen zum katholischen Pfarrer, in der vagen Vermu-

➤ Im Inneren des Doms: der Lettner

tung, die Kirche könne damit etwas anfangen. Der Geistliche übergab sie einige Jahre nach dem Krieg etwas ratlos einem Arzt seiner Gemeinde, der sie in einem Schuhkarton in seinem Praxisschreibtisch lagerte. In einer ökumenischen Feierstunde wurden sie 1963 mit anderen Skelett-Teilen und Textilien als die Überreste des Lübecker Bistumsgründers Gerold beigesetzt. Als

➤ Das »Domparadies«

Archäologen 1975 erneut das Grab öff-
neten, bewiesen Untersuchungen zu
den Textilien wie auch zur Ausmalung
des Grabes, dass es sich nicht um Gerold, sondern um Heinrich Bockholt
handelt. Das prächtige, vollplastische
Grabmal, das kurz nach seinem Tode
1341 von Johann Apengeter gefertigt
wurde, gehört zu den bedeutendsten
mittelalterlichen Plastiken des Ostsee-
raumes.

Kunsthistorische Bedeutung hat auch
das »Paradies«, die nördliche Vor-
halle des Domes. Im 19. Jahrhundert
wurde es umfassend renoviert, jedoch
1946 durch herabfallende Mauerteile
zerstört und erst in den Jahren 1976–
1982 rekonstruiert. Im Mittelalter war
die Halle ein prächti-
ger Eingang für die
von Norden her

kommenden Bürger, aber sie war auch
ein Ort kirchlicher Rechtsprechung.
Ihr unterwarfen sich auch jene, die
von der weltlichen Macht verfolgt
wurden, hier aber von ihr nicht be-
langt werden konnten (Kirchenimmu-
nität). Die Straße, die direkt auf das
»Paradies« zuführt, heißt »Fegefeuer«,
von der obendrein ein Gang namens
»Hölle« abgeht.

▶ Dom zu Lübeck, Mühlen-
damm 2–6, Tel. 0451/74704,
www.domzuluebeck.de, Apr–
Sept tägl. 10–18 Uhr, Okt–Mrz 10–
15 Uhr, Führungen auf Anfrage

Nach dem Verlassen des Domes geht
man jetzt am besten nach rechts über
den Domkirchhof zur **Musterbahn**,
die bereits nach wenigen Metern erreicht ist. Von dort gelangt man rechts
zum **Mühlenteich**, von wo man den
Dom von Süden mit seinem modernen Vorbau betrachten kann. Jenseits des Mühlenteichs mit der alten Mühle kann man die **Wallan-**

lagen sehen, die am besten mit einem ausgedehnten Spaziergang zu einem anderen Zeitpunkt erkundet werden sollten, sofern der Lübeck-Besucher genügend Zeit mitgebracht hat.

Rechts befindet sich auch das **Museum für Natur und Umwelt** (Nr. 8).

▸ Museum für Natur und Umwelt, Musterbahn, Museums-Hotline 01805/929200 (0,14€/min), Fax 122-4199, naturmuseum@luebeck.de, Apr–Sept Di–Fr 9–17, Sa/So 10–17 Uhr, Okt–Mrz Di–Fr 9–16 Uhr, Sa/So 10–17 Uhr

Zurück an der Musterbahn halten wir uns links. Die rechte Straßenseite ist von prächtigen Bürgerhäusern mit reich geschmückten Fassaden aus dem 19. Jahrhundert geprägt. Überaus beachtenswert ist das Haus **Musterbahn Nr. 3**. Das dreigeschossige Haus wurde zwar erst in der zweiten Hälfte des 19. Jahrhunderts im italienischen Renaissancestil erbaut, aber die **Terrakotten** (Nr. 9) des Statius von Düren stammen tatsächlich aus der Renaissance und schmückten früher ein anderes Altstadthaus – so präsentiert sich dieses Haus wie ein italienischer Palazzo. Am Ende der Musterbahn kommt man auf die **Mühlenstraße**, die eine Hauptverkehrsachse der Innenstadt ist. Ihr Charme liegt in den vielen Kneipen und Restaurants, vor denen die Gäste im Sommer gern draußen sitzen, was ihr zu jener Jahreszeit ein gewisses südliches Flair verleiht. Hier findet man die **historische Kneipe** »Im alten Zolln«. Das Gebäude beherbergt seit ca. 450 Jahren durchgehend ein Lokal, heute wird hier gute deutsche Hausmannskost angeboten.

Von hier hält man sich links und kommt ein kurzes Stück weiter auf der rechten Straßenseite am »**Römischen Reich**« vorbei, einem der vielen Lübecker Gänge. Nach wenigen weiteren Metern geht man rechts in die St. Annen-Straße, wo sich das **St. Annen-Museum** (Nr. 10) befindet.

Der Gebäudekomplex wurde 1502 bis 1515 als Kloster errichtet und beheimatete zuerst Augustinerinnen. Infolge der Reformation wurde es zum Armen- und Arbeitshaus umfunktioniert, 1843 brannte ein Teil ab, 1875 wurden Teile der Kirchenruine abgebrochen. Seit 1915 ist hier das »Museum für Kunst- und Kulturgeschichte« untergebracht. Ausgestellt werden kunsthistorisch kostbare Altarbilder, von denen der »**Memling-Altar**« der wohl bedeutendste ist. Präsentiert wird aber auch Lübecker Wohnkultur vom Mittelalter bis ins 18. Jahrhundert, darunter auch archäologische Exponate. Besonders zu empfehlen ist die »**Paramentenkammer**«, in der kostbare liturgische Gewänder aus dem Mittelalter gezeigt werden. Es empfiehlt sich, das Museum für Kultur- und Kunstgeschichte außerhalb eines Spaziergangs gesondert zu besuchen. Hier wie in anderen Museen kann der Besucher auch eine Verbundkarte erstehen, die zum Besuch fast aller Museen berechtigt. Sie ist zeitlich unbegrenzt und lohnt sich finanziell in jedem Fall.

In der Ruine der Klosterkirche, also direkt neben dem Museum, ist die **Kunsthalle St. Annen** (Nr. 11) untergebracht. Hier haben die Gegenwartskunst und die Kunst des 20. Jahrhunderts einen Platz gefunden.

▸ Kunsthalle St. Annen und St. Annen-Museum, Museums-Hotline 01805/929200 (0,14€/min), Fax 122-4183, mkk@luebeck.de, Di–So Apr–

➤ Blick über das Aegidien-Viertel mit seiner Kirche

Sept 10–17 Uhr, Okt–März 10–16 Uhr, regelmäßige Führungen

Direkt neben dem St. Annen-Kloster steht die 1880 fertig gestellte **Lübecker Synagoge**. Dass sie in der Pogromnacht vom November 1938 nicht von den Nationalsozialisten abgebrannt wurde, hat sie einzig dem Umstand zu verdanken, dass man damals das benachbarte St. Annen-Museum nicht gefährden wollte. Dennoch wurde sie der jüdischen Gemeinde entrissen und die Kuppel abgetragen. Unmittelbar nach dem Ende der Nazi-Diktatur wurde sie der Jüdischen Gemeinde bzw. jenen wenigen, die noch von ihr übrig geblieben waren, zurückgegeben. In den 1990er-Jahren geriet die Lübecker Synagoge durch zwei Brandanschläge mit rechtsradikalem Hintergrund in die Schlagzeilen – seitdem ist sie durch ein hohes Gitter geschützt.
Über die **St. Annen-Straße** gelangt man in ein Viertel, in dem im Mittelalter und auch noch später die Handwerker wohnten – **St. Aegidi-**

en (Nr. 13) war ihre Kirche. Das Viertel rund um St. Aegidien war von der Bombardierung im Zweiten Weltkrieg weniger betroffen als andere Lübecker Innenstadtgebiete. Die kleinste der Lübecker Altstadtkirchen, die nur deswegen nicht so imposant wirkt, weil sie dem Vergleich mit den anderen Kirchen standzuhalten hat, ist im Vorkriegszustand erhalten geblieben. Urkundlich erwähnt wird die Kirche erstmals 1227, und von dem romanischen Urbau sind noch die zwei unteren Geschosse des Turmes erhalten. Die heutige dreischiffige Hallenkirche entstand im ersten Drittel des 14. Jahrhunderts.
Besonders eindrucksvoll ist der »**Singechor**« in St. Aegidien. Tönnies Evers der Jüngere schuf das Meisterwerk mit seinem spiralförmigen Aufgang und den reichhaltigen Schnitzarbeiten in den Jahren 1586/87. Singechor heißt der Lettner deswegen, weil sein oberer Teil Platz für Musiker bot. In dieser Form ist er nur noch in St. Aegidien er-

➢ Die Lübecker Synagoge

halten. Der barocke Altar stammt aus dem Jahre 1701, während die bronzene Taufanlage in das Jahr 1453 datiert wird. Das Gegenstück zum Lettner bildet die zwischen 1624 und 1626 errichtete Orgel unter dem Turm, die zusammen mit den Orgeln in St. Jakobi die einzige ist, die den Zweiten Weltkrieg in Lübeck überdauert hat. Besonders sehenswert ist der spätromanische, die Arme ausbreitende, sitzende Christus, ein Relief, das vermutlich aus der 2. Hälfte des 13. Jahrhunderts stammt und also noch älter ist als die Kirche in ihrer heutigen Form.

▶ St. Aegidien, Aegidienstraße 75, Tel. 0451/705622, Fax 705698, 10–16 Uhr, staegidien@t-online.de

Verlässt man die Aegidienkirche, so wendet man sich am besten nach rechts, biegt nach wenigen Metern wieder rechts in die St. Annen-Straße ein und kommt bald links in die Weberstraße. Sie führt zur Straße »**An der Mauer**«, die am »Krähenteich« liegt. Hier findet man noch Reste der mittelalterlichen Stadtmauer (Nr. 14).

➢ Reste der alten Stadtmauer

2. Der Markt, das Rathaus, St. Marien

Stationen:
Markt, Rathaus, St. Marien,
Buddenbrookshaus

Dieser Rundgang beginnt auf dem **Markt**, was von Lübeckern zumeist als »Maakt« ausgesprochen wird. Schon bald nach Lübecks Zweitgründung durch Heinrich den Löwen, also nach 1158, war der Markt vermutlich der Mittelpunkt der Stadt. Im Unterschied zum westlich gelegenen Fernhandelshafen an der Untertrave nutzte man diesen Markt damals als Binnen- und Regionalmarkt. Die Bauern des Umlandes, die städtischen Händler, aber auch die Handwerker boten hier ihre Waren und Dienstleistungen an. Die Waren wurden sowohl in festen Buden feilgeboten wie auch auf frei liegenden Verkaufsständen. Bereits Anfang des 14. Jahrhunderts wurde der Markt nach Osten zur »Breiten Straße«, nach Westen zu den »Schüsselbuden«, nach Norden zur oberen Mengstraße und nach Süden zum »Kohlmarkt« ausgeweitet. Der Markt der Knochenhauer war auf dem »Schrangen«, der sich heute in Marktnähe zwischen dem Karstadt-Warenhaus und dem Textilkaufhaus »Anny Friede« befindet. Später kamen zuerst die Handwerker auf die praktische Idee, ihre Wohn-, Arbeits- und Verkaufsräume zusammenzulegen. Das führte dazu, dass der Markt seine ursprüngliche Funktion als Verkaufszentrum verlor. Aber auch heute noch findet hier an bestimmten Tagen in der Woche Markt statt, man darf sich dann – mit etwas Phantasie – an den mittelalterlichen Markt erinnern fühlen.

Das gesamte Areal wurde während des Bombenangriffes 1942 schwer verwüstet, was heute vor allem an der Nachkriegsarchitektur des Südriegels zu erkennen ist.

Das Rathaus ist aber fast in seiner ganzen Pracht erhalten geblieben. Es gilt heute als eines der schönsten in Deutschland und im Ostseeraum.

Das älteste Lübecker **Rathaus** (Nr. 15) erwies sich rasch als zu klein. Auf dem Gebiet des heutigen Rathauses standen zu dieser Zeit zwei Gewandhäuser, in denen die Tuchhändler ih-

➤ Das Rathaus in Lübeck: die reiche Prunktreppe (oben) die schöne Schaufassade (unten), sowie das »Lange Haus« (links)

93

➤ Jahrhundertealte Tradition:
Markt unter den Rathausarkaden

Der **Südgiebel** des ursprünglichen Rathauses mit seiner hohen Mauer und den drei Türmen ist der älteste, noch erhaltene und von außen sichtbare Teil des Rathauses. Er wurde 1435 von Nikolaus Peck umgestaltet, der zwei große Windlöcher hineinbaute. Diese hatten die Aufgabe, die Mauer von der Windkraft zu entlasten. Noch heute erlebt der Besucher bei starkem Wind oder Sturm, wie heftig und unberechenbar der Wind um die monumentale Architektur der benachbarten St. Marienkirche fegen kann. Vor dem Südgiebel mit seinen Windlöchern wurde 1570/71 die im Renaissancestil gebaute »**Laube**« angefügt, in der das so genannte Niedergericht tagte.

Die zur Marienkirche gewandte Nordfassade des Rathauses wirkt zwar auch mittelalterlich, sie wurde aber nach 1888 rekonstruiert. Eine hohe Wand mit allerdings eher zierlichen Luftlöchern erhielt auch der nach Osten, also zur »Breiten Straße« gerichtete Teil des Rathauses.

Der älteste Teil des Rathauses befindet sich zwischen dem Markt und dem **Marienkirchhof**, der 1230 bis 1240 errichtet wurde. Schon im Mittelalter verlegte man den Zugang zum Rathaus vom Markt zur Breiten Stra-

ren Sitz hatten. Die Gewandhäuser wurden seit Beginn des 14. Jahrhunderts allmählich vom Rat und seinem anwachsenden Verwaltungsapparat in Besitz genommen, dem sich dann nördlich des heutigen Rathauses das Kanzleigebäude anschloss.

Die Form der alten Langhäuser an der Ostseite des Marktes ist heute nicht mehr zu erkennen, zumal bei einem Stadtbrand im Jahre 1250 auch das Rathaus in Mitleidenschaft gezogen wurde. Links steht das ehemalige, um 1300 entstandene »Danzelhus«, das als Festsaal gedacht war. Rechts davon schließt sich die höher ragende und betürmte Front des »Neuen Gemachs« mit der »Kriegsstube« an, die um 1442/44 entstand und 1942 ausbrannte. Beide wurden auf Granitsäulen gestellt, damit die Verkaufsbuden der Goldschmiede nicht weichen mussten. In diesem Arkadenbereich wird noch heute an manchen Tagen der Woche verkauft.

➤ Der lübsche Doppeladler am Rathaus

94

ße. Besonders beeindruckend ist der mit Sandstein gebaute **»Prunktreppenbau«** zum »Neuen Gemach« mit einem Erker aus dem Jahre 1594. Die Treppe wurde 1894 rekonstruiert.

Die Rathaustür ist mit Kopien der Beschläge von Hans Apengeter verziert. Sie zeigen den Kaiser umgeben von sieben Kurfürsten. Das Eingangsportal führt in eine Halle, die im Wesentlichen im Jahre 1887 im neugotischen Stil gestaltet wurde. Unmittelbar rechter Hand sehen wir aber ein gotisches Portal aus dem 14. Jahrhundert, das in den Audienzsaal führt. Die Tür selbst entstammt dem Jahre 1573 und zeigt in ihrer Außenseite oben im Bogen Christus, innen ein Relief mit dem Urteil Salomons sowie als Türfüllung »Gerechtigkeit« und »Liebe«. Der Audienzsaal selbst wurde überwiegend im Stil des Rokoko gestaltet und ist wohl der schönste Raum im Rathaus. Er war früher der Ratssaal, und hier tagte einst das Obergericht. Betritt man den Saal und blickt auf das Eingangsportal zurück, so ist zu erkennen, dass die beiden Türhälften verschieden groß sind. Es wird berichtet, dass, wer einen Prozess gewann, sozusagen erhobenen Hauptes mit Hut durch die höhere Hälfte wieder hinausgehen konnte. Wer den Prozess verlor bzw. schuldig gesprochen wurde, musste den Audienzsaal durch den niedrigeren Türteil verlassen.

▸ Rathaus, Breite Str. 62, Tel. 122-1005, Führungen Mo–Fr 11, 12 und 15 Uhr, keine Anmeldung erforderlich, pro Person 3 €

Geprägt wird der mit Marmorfliesen ausgestattete Audienzsaal von den mit Öl auf Leinwand gemalten Allegorien des italienischen Meisters Stefano Torelli, die dieser von 1759 bis 1761 schuf. Neben der Eingangstür erkennt man die »Freien Künste« und den »Handel« sowie die städtischen Tugenden (von rechts nach links): »Freiheit«, »Barmherzigkeit«, »Einigkeit« (die auch »Gerechtigkeit und »Friede« einschließt), »Fleiß und Überfluss«, »Vorsicht« (im Sinne von »Wachsamkeit«), »Klugheit«, »Maß« und »Verschwiegenheit«. Bis auf die »Verschwiegenheit« werden die Allegorien ausschließlich von weiblichen Figuren dargestellt – nur sie wird von einem männlichen römischen Krieger symbolisiert – offenbar eine Anspielung auf die »Geschwätzigkeit der Frauen«. Nach Norden hin wird der Saal von ei-

Graf Adelbert von Baudissin (1820–1871)

»Trotz Spießbürgern, Senatoren und Ratsherren ist Lübeck eine Stadt, in der ich mich sehr wohl niederlassen könnte. ... Von nicht zu beschreibender Schönheit ist das altehrwürdige Rathaus, in welchem einst die Kronen Dänemarks und Schwedens feil geboten wurden. Es ist vollendet, unbegreiflich schön, ehrwürdig und interessant und übertrifft Alles, was ich je an Gebäuden gesehen habe. Man würde nicht Tage, sondern Wochen und Monate gebrauchen, um die Facaden, Erker, Fenster, Thüren, Treppen und Giebel zu studiren, und bei einem späteren Besuche doch immer wieder Neues und Interessantes zu entdecken.«

Graf Adelbert von Baudissin trat 1841 in den österreichischen Staatsdienst ein. Mit der Erhebung Schleswig-Holsteins meldete er sich als Freiwilliger zum 1. Jägerkorps. Nach Schleswig-Holsteins Niederlage ging er 1852 nach Nordamerika, wo er als Farmer und Redakteur lebte. 1862 kehrte er nach Deutschland zurück und ließ sich in Altona als Schriftsteller nieder.

ner Holzschranke aus dem Rokoko getrennt, hinter ihr saß der Rat. Das Gestühl stammt aus dem 18. und 19. Jahrhundert. Der **Audienzsaal** dient bis heute repräsentativen Anlässen und ist gemeinhin geschlossen, aber jeder Besucher – und keineswegs nur Teilnehmer von Gruppenführungen – können den Pförtner, der gegenüber dem Audienzsaal sitzt, um die Öffnung des prachtvollen Saales bitten.

Über die repräsentative **Treppe** gelangt man in das obere Stockwerk, dabei blickt man unweigerlich auf die pompösen Gemälde von Max Koch aus dem späten 19. Jahrhundert. Sie stellen u.a. die Einsetzung des ersten Lübecker Rates durch Heinrich den Löwen dar, die so vermutlich nie stattgefunden hat. Rechts präsentiert ein Stadtschreiber dem Lübecker Volk das Barbarossa-Privileg aus dem Jahre 1188. Kochs Gemälde demonstrieren nicht nur Lübecks Stolz und Beharren auf seiner Eigenständigkeit, sie spiegeln auch den damaligen Zeitgeist in Deutschland wider, der im späten 19. Jahrhundert Gründe fand, sich der mittelalterlichen Tradition zu vergewissern. Als indes jemand im »Dreikaiserjahr« 1888 vorschlug, Gemälde der drei Kaiser Wilhelm I., Friedrich III. und Wilhelm II. für das Rathaus anfertigen zu lassen, wurde dies vom Senat brüsk abgelehnt. So weit ging die Liebe der selbstbewussten Hanseaten zum wieder aufgewärmten Reichsgedanken dann doch nicht.

Das Zentrum des ersten Stockes des Rathauses bildet der **Bürgerschaftssaal**, der 1959 modernisiert wurde. Obwohl bestimmte Elemente der Neugotik entfernt wurden, ist das Pathos des 19. Jahrhunderts nicht nur durch das bleiverglaste Oberlicht, sondern vor allem durch die Historienmalerei Max Kochs gegenwärtig. Dargestellt sind der Empfang des Reichsfreiheitsbriefes von 1226 und der Einzug Kaiser Karls IV. im Jahre 1375. Im Norden schließt sich der »**Rote Saal**« an, der bis heute traditionsreiche Tagungsraum des Lübecker Senates, der seinen Namen von der roten Wandbespannung hat. Auch hier dominiert ein gewaltiges Historiengemälde: Es zeigt die Seeschlacht von 1564, in der das Lübecker Schiff »Der Engel« ein schwedisches Schiff aufbringt.

Das ungewöhnlich große und verwinkelte Lübecker Rathaus, dessen Architektur Vorbild für andere Rathäuser Nordeuropas wurde, war vom hohen Mittelalter an für einige Jahrhunderte

Wie der Teufel beim Bau der Marienkirche half

Als die Maurer anfingen, St. Marien zu errichten, kam ein Fremder hinzu und fragte, was man zu bauen beabsichtige. Einer der Maurer sah bei einem heftigen Windstoß, dass die wehende Kleidung des Fremden einen Pferdefuß freilegte und antwortete geistesgegenwärtig, man baue hier eine Schänke. Dies freute den Teufel, der kräftig mitanpackte. Er wurde erst misstrauisch, als das vermeintliche Lokal immer höher gezogen wurde, und war sich endgültig sicher, als man dem Gebäude noch zwei Türme anfügte. Der Teufel war verstimmt, hatte er doch beim Bau einer Kirche mitgeholfen. Er schwang sich in die Lüfte und war im Begriff, die Kirche mit einem riesigen Granitquader zu zertrümmern, als ihm ein Lehrjunge noch zurufen konnte, man werde direkt neben der Kirche einen Krug bauen. Dies muss in letzter Sekunde den Teufel noch dazu bewegt haben, den Granitquader knapp neben der Kirche landen zu lassen – wo er heute noch liegt.

> Blick auf die Marienkirche

Tagungsort der Hansestädte. In welchem Raum die Hanse tagte, ist nicht ganz gewiss. Vermutlich traf sie sich hauptsächlich in einem »Hansesaal« über dem heutigen Audienzsaal, über dessen einstige Ausstattung wir aber nur karge Kenntnisse besitzen. Heute modern eingekleidet sind der große und kleine »Börsensaal«, in denen Tagungen und Ausstellungen stattfinden.

▶ Rathaus, Breite Str. 62, Tel. 122-1005, Führungen Mo–Fr 11, 12 und 15 Uhr, keine Anmeldung erforderlich, pro Person 3 €, Dauer ca. 45 min.

Im »**Ratskeller**« unter dem Rathaus, der seit alters her als Weinkeller, Weinstube und Restauration genutzt wird, gibt es noch spätromanische Gewölbe. In den zahlreichen Räumen, Kojen und Gemächern speist und trinkt der Besucher auch heute noch gut. Sehenswert ist der »Hansekeller«, dessen Ausstattung aus dem 19. und frühen 20. Jahrhundert stammt. Hier sieht

man Wappen anderer Hansestädte. Im alten »Brautgemach«, in dem gern Hochzeiten und andere Familienfeste gefeiert wurden – und auch noch werden –, bezeugt ein Gedicht aus dem Jahre 1575 trefflich den damaligen Humorstandard:

»MENICH MAN LUDE SINGHET – WEN ME EM DE BRUT BRINGET! WESTE HE WAT MAN EM BROCHTE – DAT HE WOL WENEN MOCHTE! »Mancher Mann singt froh und laut, bringt man ihm ins Haus die Braut. Wüsste er, was man ihm brachte, er wohl weinte und nicht lachte.« (Übersetzung von Konrad Dittrich)

▶ Ratskeller zu Lübeck, Markt 13, Tel. 72044, Fax 72052, email info@ratskeller-zu-luebeck.de, www.ratskeller-zu-luebeck.de

Gleich neben dem Rathaus befindet sich die **Marienkirche** (Nr. 16), die um 1200 als eintürmige romanische Basilika entworfen wurde. Bei der baulichen Realisation waren ihre Vorbilder die französischen Kathedralen des

97

➤ Totentanzkapelle in der Marienkirche

Hochmittelalters – in Lübeck eben nur mit unglaublicher Kunstfertigkeit in Backstein und nicht Sandstein gebaut. Diese Kirche war das Vorbild zahlreicher Kirchenbauten im gesamten Ostseeraum, u.a. in Rostock, Stralsund und Uppsala. Bevor sich der Besucher in das Innere der Kirche begibt, sollte die Kirche zunächst in Ruhe umwandert werden. Das lohnt sich, denn es gibt Stellen, von denen man die Kirche mit ihrem gewaltigen Hauptschiff, ihren Nebenschiffen, Strebepfeilern und Strebebögen nachgerade als ein imposantes Gebirge erlebt.

Die Monumentalität der **Marienkirche** ist keineswegs nur in der Frömmigkeit der mittelalterlichen Lübecker begründet. Vielmehr bestand schon früh eine Konkurrenz zum Dom, denn St. Marien war die Kirche des Rates, der Lübecker Bürger und sollte auch deren Selbstbewusstsein gegenüber dem

Bischof demonstrieren. Tatsächlich ist anzunehmen, dass St. Marien im 14. Jahrhundert eine der größten Kirchen der Christenheit, vielleicht sogar die größte darstellte – zumindest was die Höhe der Kirchenschiffe (die Höhe des Mittelschiffs misst 38,5 Meter) und der Doppeltürme (125 Meter) betraf: Bekanntlich wurden die **Doppeltürme** des Kölner Doms und der Turm des Ulmer Münsters erst im späteren 19. Jahrhundert fertig gestellt, auch der Petersdom in Rom hatte im Mittelalter noch nicht jene gewaltigen Ausmaße, die er seit dem 16. Jahrhundert aufweist.

In der Gründungszeit Lübecks (um 1150) wird es einen Vorgängerbau aus Holz gegeben haben. Dieser wich schon um 1200 dem Konzept einer dreischiffigen romanischen Basilika mit nur einem und zwar noch nicht besonders hohen, aber in seinen Ausmaßen wuchtigen Turm. In der Mitte des 13. Jahrhunderts wurde St. Marien durch einen Stadtbrand in Mitleidenschaft gezogen. Jetzt baute man eine gotische Basilika mit zwei Türmen nach französischem Vorbild, deren Bau sich über fast hundert Jahre hinzog.

Zu betreten ist die Marienkirche heute nur durch den gegenüber dem Rathaus liegenden Südeingang. Hier, wo sich das Langschiff mit dem Querschiff kreuzt, kommt der Besucher in den ältesten Teil der Kirche, sichtbar an den zwei romanischen Säulen, auf die man halblinks vom Südeingang zugeht. Am Südpfeiler ist der heilige Christophorus mit dem Jesuskind überlebensgroß dargestellt (entstanden um 1350). Es ist eine Malerei an der Innenseite des Pfeilers, die 1989/90 restauriert worden ist. Das Innere der Kirche wurde während des Bombenangriffes 1942 nahezu gänzlich zerstört. Der Altarraum beherbergt das bronze-

➤ Altar in der Marientiden-Kapelle, entstanden um 1520

ne **Taufbecken** des schon genannten Hans Apengeters aus dem Jahre 1337, einen steinernen Altartisch, das Bronzekreuz von Gerhard Marcks aus dem Jahre 1959 und den um 1495 fertig gestellten Altarschrein Christian Swartes. Links vom Altar steht das 1479 geweihte Tabernakel (Sakramentshaus). Den Chorumgang beherrscht die **Marientiden-Kapelle** mit einem um 1520 in Antwerpen geschnitzten vergoldeten Marien-Altar, dessen Kunstfertigkeit seinesgleichen sucht.

An der Südseite des Chorumgangs, also nicht weit vom Eingang, befindet sich über der Bürgermeisterkapelle die alte **Schatzkammer**, das Archiv, des

➤ Die Kirchenmaus der Marienkirche

Lübecker Rates. In der »**Totentanz-kapelle**«, an der Nordwand gegenüber dem Eingang hatte eine 1701 gefertigte Kopie des Totentanzfrieses von Bernt Notke ihren Platz, die allerdings im Zweiten Weltkrieg zerstört wurde – eine Replik dieses Frieses ist in Reval erhalten.

In diesem Trakt ist auch die **Totentanzorgel** untergebracht; sie, wie auch die große Orgel unter den Türmen, ersetzen die dem Krieg zum Opfer gefallenen historischen Orgeln.

Die **Astronomische Uhr** mit Kalenderscheibe, Planetarium und Figurenlauf an der Ostwand der Totentanzkapelle thematisiert ebenfalls die Zeitlichkeit und Begrenztheit irdischen Lebens. Sie wurde in den Jahren 1960–67 gebaut und ersetzt die im Krieg zerstörte Astronomische Uhr von 1561–66. Die Überreste der alten Uhr werden heute im St. Annen-Museum gezeigt. Unter dem Nordturm befindet sich die 1493 geweihte und besonders schöne **Greveradenkapelle**, wo der älteste Grabstein der Kirche (1290) an der Wand hängt. Unter der Orgel

99

stehend hat der Besucher einen besonders eindrucksvollen Blick auf die gesamte Kirche. Die gotischen Verzierungen an der im Krieg eingestürzten Decke wurden historisch präzise rekonstruiert.

Im Südturm befindet sich die Gedenkkapelle mit den zwei in der Bombennacht heruntergestürzten Glocken, deren Gewicht das Gewölbe zerstörte. Gleich nebenan ist die »Briefkapelle«, die ihren Namen den öffentlichen Schreibern verdankt, die hier im mittelalterlichen Lübeck tätig waren. Bereits im Jahre 1310 wurde mit dem Bau begonnen, mithin ist sie älter als das Langhaus. Bauhistorisch ist sie die bemerkenswerteste aller Seitenkapellen. Es ist nachgewiesen, dass ihre Gewölbestruktur sowohl von der westpreußischen Marienburg als auch von englischen Kathedralen beeinflusst wurde.

▶ St. Marien, Schüsselbuden 13, Tel. 0451/39770-0, Fax 39770-15, mailn.grini@st-marien-luebeck.de, Gewölbeführungen 1. Apr bis 4. Advent, Sa 15.15 Uhr und jeder letzte Sa im Monat 20.30 Uhr, Jul/Aug Mi 15.15 Uhr

Auf den Spuren der Gebrüder Mann ist man in Lübeck – zumal in der Altstadt – natürlich fast immer. Um gleich einem beliebten Missverständnis vorzubeugen: Das »Buddenbrookhaus« (Nr. 17) in der Mengstraße gegenüber der Marienkirche ist keineswegs das Geburtshaus der Brüder Mann, sondern das Haus ihrer Großeltern. Heinrich Mann wurde in der Breiten Straße 54 geboren, Thomas in der Breiten Straße 38. Dieses Haus fiel dem Bombenangriff des Jahres 1942 zum Opfer. Es stand an der heutigen Ecke Breite Straße/Beckergrube, wo inzwischen ein Bankgebäude errichtet worden ist,

vor dem eine Marmorstele auf Thomas Mann hinweist. 1883 zog die Familie Mann in die Beckergrube 52, in ein Haus, das der Vater zwei Jahre zuvor gekauft hatte. Nach dessen Tod zog die Familie in die Roeckstraße 9. Die Roeckstraße, gesprochen »Rookstraße«, zweigt hinter dem Burgtor vom heutigen Gustav-Radbruch-Platz ab. Alle diese Stationen kommen, kaum verschlüsselt, in dem Roman »Buddenbrooks« vor.

Doch ist es sinnvoll, zuerst das Haus der Großeltern, das »Buddenbrookhaus« aufzusuchen, in dem wesentliche Teile des Romans spielen. Im Parterre gibt es heute eine **Dauerausstellung** über Heinrich und Thomas Mann sowie einen Souvenirladen. Darüber sind zwei Räume als Installation so hergerichtet, dass sich der Besucher wie im Roman vorkommen soll. Die beiden Zimmer sind bis ins Detail in jenen Zustand versetzt, in dem sie waren, als das Haus der Roman-Familie Buddenbrook an Hagenström verkauft werden musste. Im »Buddenbrookhaus«, einem der meistbesuchten deutschen Literaturmuseen, können Laien wie Wissenschaftler dem Werk und Leben der Brüder Mann nachforschen. Das Haus ist auch Sitz der »Deutschen Thomas-Mann-Gesellschaft«, des »Arbeitskreises Heinrich Mann« und der »Erich-Mühsam-Gesellschaft«. Historisch sind an dem Haus nur noch die Fassade und der Keller, alles andere fiel den Bomben zum Opfer. Im Keller des Hauses finden regelmäßig literarische Veranstaltungen statt.

▶ Buddenbrookhaus, Mengstraße 4, Museums-Hotline 01805/929200 (0,14 e/min), www.buddenbrookhaus.de, Apr–Dez 10–18 Uhr, Jan–Mrz 11–17 Uhr; auch Montags

3. Nördliche Altstadt

Stationen:
Katharineum, St. Katharinen-Kirche, Günter Grass-Haus, Behnhaus/Drägerhaus, St. Jakobi-Kirche, Hl.-Geist-Hospital, Burgtor, Kulturforum Burgkloster, Schiffergesellschaft, Kranenkonvent

Ausgangspunkt ist das Rathaus, von dem man über die **Hüxstraße** auf die **Königstraße** gelangt, weiter links kommt man vorbei an der Löwenapotheke zum Katharineum bzw. zur Katharinenkirche. Beide gehörten einst zu einem Franziskanerkloster, das sich von der Glockengießerstraße bis zur Hundestraße erstreckte. Im Zuge der Reformation wurde das Kloster aufgelöst, und Johannes Bugenhagen, ein Mitstreiter Martin Luthers, gründete hier eine Lateinschule, aus der sich dann ein Gymnasium entwickelte. Das **Katharineum** war die Schule vieler bekannter Persönlichkeiten: Theodor Storm, Werner von Siemens, Emanuel Geibel, Erich Mühsam und Hans Blumenberg, durch die Katharineer Thomas und Heinrich Mann ging die Schule in die Weltliteratur ein.

St. Katharinen (Nr. 18) links neben dem Katharineum ist die einzige mittelalterliche Kirche Lübecks, die keinen Turm hat. Diese architektonische Bescheidenheit hängt mit dem Armutsgelübde der karitativ tätigen Franziskaner zusammen. Dass die Kirche dennoch so monumental ausfiel, liegt daran, dass das Lübecker Franziskanerkloster den Mittelpunkt des Franziskanerordens im Ostseeraum bildete.

Die Kirche gilt manchen Bauhistorikern nach der Marienkirche als das denkwürdigste Zeugnis sakraler Backsteinarchitektur des Mittelalters in Lübeck. Besonders prachtvoll, aber auch raffiniert stellt sich die Westfassade zur Königstraße hin dar. Erst wer genau hinsieht, wird bemerken, dass beispielsweise Mittelachse und Eingangsportal nicht miteinander übereinstimmen und überhaupt erst beim zweiten Blick die ganze Fassade sich keineswegs als symmetrisch herausstellt. Die oder der Baumeister überspielten damit, dass die Katharinenkirche durch die östlich gelegene Glockengießerstraße eingeengt war. Außen und innen birgt die im Laufe des 14. Jahrhunderts fertig gestellte Kirche bedeutende Kunstschätze. Die drei linken Figuren in den Nischen der Westfront stammen von **Ernst Barlach**, der diese in den Jahren 1930–32 fertigte. Die fünf rechten Figuren schuf der Bildhauer **Gerhard Marcks** im Jahre 1949.

St. Katharinen hat den Zweiten Weltkrieg völlig unbeschadet überstanden und so dominiert im Innern die Gotik. Links von der Eingangstür steht ein Gipsabguss des Drachentöters St. Jürgen (niedt. für Georg) – ein Abguss des Stockholmer Originals von Bernt Notke. Auf der rechten Seite ist die »Auferweckung des Lazarus« von **Tintoretto** aus dem Jahre 1575 zu sehen, die einzige Arbeit des italienischen Meisters in Lübeck. Das

➤ Die Katharinenkirche

Triumphkreuz wurde im Jahre 1489 geschaffen. Hinter ihm befindet sich der Hochchor der Mönche. Die Barockkanzel ist nachreformatorischer Herkunft und stammt aus dem Jahre 1669. Die Lüneburg-Kapelle (1461–1489) war einst die Grablege der Familie Lüneburg.

St. Katharinen ist heute eine Museumskirche, weshalb man einen – allerdings sehr geringen Eintrittspreis – zahlen muss. Der Raum wird u.a. für wechselnde Ausstellungen, aber auch als Schulkirche des Katharineums genutzt.

▸ Museumskirche St. Katharinen, Museums-Hotline 01805/929200 (0,14 €/min), Fax 1224183, mkk@luebeck.de, Apr–Dez Di–So 10–17 Uhr, im Winter geschlossen. Führungen werden vom Museum für Kunst- und Kulturgeschichte angeboten

Ein eigenes Ziel für den Literatur- und Kunstinteressierten ist in unmittelbarer Nähe der Katharinenkirche gelegen. Das **Günter Grass-Haus** (Nr. 19) liegt linkerhand in der Glockengießerstraße. Schon bevor Günter Grass das Haus bezog, das ihm hauptsächlich als Büro dient, lebte er südlich von Lübeck im Lauenburgischen, wo er auch heute noch sein Haus besitzt. Nach Lübeck und besonders in die Glockengießerstraße zog der Nobelpreisträger auch deswegen, weil er hier an seine Heimatstadt Danzig erinnert wird. Im Günter Grass-Haus, einem »Forum für Literatur und bildende Kunst«, ist seine Doppelbegabung zu betrachten: die des Autors und die des bildenden Künstlers.

Im Garten sind **Grass' Skulpturen** aufgestellt, während im Haus der so

genannte literarische »Vorlass« ab 1995, ein Teil seines bildnerischen Werkes und seine komplette Druckgraphik untergebracht sind, darüber hinaus gibt es ein Archiv, eine Bibliothek sowie ein Geschäft, das Grass' Literatur und Kunst anbietet. Die Stadt plant, vom Garten einen direkten Zugang zum geplanten Willy-Brandt-Zentrum an der Königstraße 21 zu bauen.

▸ Günter Grass-Haus, Glockengießerstraße 21, Museums-Hotline 01805/929200 (0,14 €/min), Fax 122-4140, www.guenter-grass-haus.de, Apr–Dez 10–17 Uhr, Jan–Mrz 11–17 Uhr

Von hier aus kehrt man am besten zur **Königstraße** zurück und geht nach rechts. Nach nur wenigen Metern steht man vor einem wahren Kleinod Lübecker Bürgerkultur, dem Häuserkomplex **Behnhaus/Drägerhaus** (Nr. 20) in der Königstraße 9–11. Das Behnhaus mit seinen prächtigen Figuren am Fassadenabschluss entstammt dem Umbau eines älteren Hauses und existiert in der heutigen Form seit dem späten 18. Jahrhundert – es gilt als ein besonderes Denkmal bürgerlich-repräsentativen Wohnens im 19. Jahrhundert. Nachdem der eigentliche Begründer des heutigen Hauses in finanzielle Schwierigkeiten geraten war, erwarb es der Arzt H.G. Behn. Das Interieur der beiden miteinander verbundenen Häuser repräsentiert den typischen Wohnstil Lübecker Kaufleute aus dem 19. Jahrhundert und erinnert fast noch mehr als das Buddenbrookhaus an den Lebensstil hiesiger Kaufmanns- und Senatorenfamilien.

Die Häuser zeigen aber nicht nur die einstige Wohnkultur, sondern auch bedeutende Kunstwerke des 19. und

➢ Figuren auf dem Behnhaus

20. Jahrhunderts, u.a. von den Lübeckern Johann Friedrich Overbeck und Gotthardt Kuehl, aber auch Caspar David Friedrich, Carl Blechen, Max Liebermann, Max Slevogt, Lovis Corinth, Edvard Munch, der längere Zeit in Lübeck lebte, sowie Ernst Ludwig Kirchner und Max Pechstein. Die zeitgenössische Kunst wird seit 2003 in der neuen St. Annen Kunsthalle neben dem St. Annen-Museum präsentiert. Zusätzlich werden im Behnhaus aber auch wechselnde Ausstellungen organisiert. Das Gebäude mit seiner großen Diele gilt zusammen mit dem Drägerhaus und den teilweise als Festräume im Rokoko-Stil ausgestatteten Seitenflügeln als eine besonders geglückte Symbiose einstiger lübscher Kaufmannsherrlichkeit mit deutscher Kunstgeschichte seit dem 19. Jahrhundert. Im Garten des Behnhauses befindet sich der Pavillon der »Overbeck-Gesellschaft«, in dem seit vielen Jahrzehnten Wechselausstellungen zeitgenössischer Kunst präsentiert werden.

▶ Museum Behnhaus/ Drägerhaus, Königstraße 9– 11, Museums-Hotline 01805/ 929200 (0,14 €/min), Fax 122-4183, mkk@luebeck.de, Di – So Apr–Dez 10 – 17 Uhr, Jan–Mrz 11 – 17 Uhr, Führungen auf Anfrage, regelmäßige Kurse/Workshops zur kreativen Gestaltung, Anmeldung erforderlich, Tel. 0451/ 122-4144

Auf der anderen Straßenseite kommt man zur **St. Jakobi-Kirche** (Nr. 21). Sie wurde 1227 urkundlich erstmals erwähnt, doch sind von diesem spätromanischen Bau heute nur noch Fragmente im Unterteil des Turmes und in Teilen der Umfassungsmauern auf der Nord- und Südseite zu sehen. Die alte **Jakobikirche** fiel dem Stadtbrand von 1276 weitgehend zum Opfer, wurde ab 1300 neu errichtet und 1334 geweiht. Ka-

105

➢ Blick auf die Jakobi-Kirche

pellenanbauten und der Chorschluss wurden um 1400 vollendet. Die Malereien an den Pfeilern, die z.T. freigelegt wurden, entstammen der frühen Mitte des 14. Jahrhunderts. Sie zeigen Heiligenfiguren und Szenen aus dem Neuen Testament.

Die »**Stellwagenorgel**« an der Nordwand aus dem Jahre 1515 ist ein lebendiger Teil norddeutscher Musikgeschichte, denn sie vermittelt noch den heute seltenen Klang spätmittelalterlicher Orgelmusik.

Die große Orgel unter dem Turm entstand zwischen 1504 und 1634. Schon ihr Aussehen macht sie zur Königin aller Lübecker Orgeln. St. Jakobi war schon immer die Kirche der Seeleute, und so befindet sich rechts neben der Orgel die Kapelle, die dem Andenken der untergegangenen »Pamir« gewidmet ist. Die 1905 gebaute Viermastbark »Pamir« geriet am 21. September 1957 bei den Azoren in einen schweren Sturm und sank. Von 86 Seeleuten

überlebten nur sechs die Katastrophe. In der Kapelle ist eines der schwer beschädigten Rettungsboote zu sehen. Das Schwesterschiff der »Pamir«, die »Passat«, wurde unmittelbar nach dem Unglück stillgelegt und ist im Travemünder Hafen zu besichtigen. Besonders sehenswert ist der »Brömse-Altar« in der Kapelle rechts vom Eingang. Er stammt aus der Zeit um 1500, sein Schöpfer war ein unbekannter westfälischer Meister. Der Mittelteil ist aus Sandstein, die Flügel sind aus Holz. Der barocke Hauptaltar ist der Nachfolger eines mittelalterlichen Schnitzaltars, der heute in einem Schweriner Museum zu sehen ist.

▶ St. Jakobi zu Lübeck, Jakobikirchhof 5, Tel. 0451/308010, Fax 30801-10, www.st-jakobi-luebeck.de, Nov–Mrz Di–So 10–16 Uhr, Mrz–Apr Di–So 10–17 Uhr, Apr–Nov Di–So 10–18 Uhr

Neben St. Jakobi liegt der **Koberg**, an dessen Südseite, also zur Kirche hin,

➤ Das Heiligen-Geist-Hospital

die Pastorenhäuser aus dem frühen 17. Jahrhundert stehen. Hier war im Mittelalter die Lateinschule, also gleichsam die Vorgängereinrichtung des Katharineums. Bei archäologischen Grabungen fand man auf dem Areal der Pastorenhäuser tatsächlich noch mittelalterliche Wachstafelbücher mit Zeichnungen von Kindern.

Hauptsächlich wird der Koberg aber durch das an der Ostseite gelegene **Heiligen-Geist-Hospital** (Nr. 22) dominiert. Es gehört zu den ältesten sozialen Einrichtungen und wird heute noch als Seniorenheim genutzt. Die Hauptbauzeit fiel in die Jahre von 1276 bis 1286. Das Heiligen-Geist-Hospital diente der Versorgung von bedürftigen Alten und Kranken. Obschon das Hospital kein Kloster war, herrschten hier im Mittelalter klösterlich-zölibatäre Lebensregeln, in die sogar die Verheirateten einbezogen wurden.

Vom Koberg her betritt man zunächst die frühgotische und dreischiffige Hallenkirche mit Pfeilern im spätromanischen Stil. Die Malereien zur Linken an der Nordfront zeigen die Erhöhung Mariä und Christus in der Mandorla mit den Symbolen der Evangelisten. Sie werden von Porträts der Förderer und Vorsteher des Hospitals umgeben. Diese Porträts aus der ersten Hälfte des 14. Jahrhunderts

➤ Christus in der Mandorla:
Malerei im Heiligen- Geist-Hospital

107

sind keineswegs typisiert, sondern zeigen schon die individuellen Gesichtszüge der dargestellten Personen. Der dreiflügelige Schnitzaltar darunter wurde um 1500 angefertigt.

Der Kirche, in der sich die (gesunden) Laien während des Gottesdienstes befanden, schloss sich die überaus große »Lange Halle« an. Hier im Chorraum waren die Gebrechlichen untergebracht, die so in die Liturgie integriert waren. Erst im 19. Jahrhundert wurden – zuerst nach oben offene – kleine Kammern eingezogen, in denen bis in die 1960er-Jahre alte Menschen untergebracht waren. Diese Kammern sind noch zu besichtigen. Heute wohnen die Senioren in komfortableren Zimmern im Seitentrakt des Heiligen-Geist-Hospitals, das insgesamt 9100 Quadratmeter umfasst. In der Kirche finden allerdings keine sakralen Handlungen mehr statt, dafür wird sie zuweilen als Ausstellungsraum genutzt und in der Adventszeit gibt es

➤ Weihnachtsmarkt im Heiligen-Geist Hospital

hier einen stark frequentierten kunstgewerblichen Weihnachtsmarkt.

▶ Heiligen-Geist-Hospital, Koberg 6–8, www.heiligen-geist-hospital.de

▶ Historischer Weinkeller unter dem Heiligen-Geist-Hospital, Tel. 76234, Fax 75344, www.historischer-weinkeller-hl.de

Kommt man aus dem Heiligen-Geist-Hospital, gelangt man rechts in die **Große Burgstraße**, die schließlich zum Burgtor und von dort heraus aus der Altstadt nach Travemünde führt. In den repräsentativen Gebäuden vor dem **Burgtor** (Nr. 23) sind städtische Ämter untergebracht. Der Marstall wurde 1298 erstmals erwähnt, fiel 1379 einem Brand zum Opfer. Hier gibt es ein sehenswertes Fachwerkobergeschoss aus den Jahren um 1500. Der Marstall wurde 1803 umgebaut und 1856 als Gefängnis eingerichtet.

Noch vor dem Burgtor zweigt auf der linken Straßenseite das Sträßchen »Hinter der Burg« zum alten **Burgkloster** ab. Hier stand einst eine slawische Burg, von der die Umgebung und die Trave kontrolliert werden konnten. Später bauten die Lübecker zum Dank für die gewonnene Schlacht gegen die Dänen bei Bornhöved im Jahre 1227 an dieser Stelle das Maria-Magdalenen-Kloster, das dem Predigerorden der Dominikaner zugeeignet wurde.

Das **»Kulturforum Burgkloster«** (Nr. 24) befindet sich in dem großen Gebäudekomplex des Klosters. Keine Lübecker Institution zeigt deutsche Geschichte und Kunstgeschichte vom Mittelalter bis in die jüngste Zeit in derartiger Konzentration. Die

➤ Blick auf das Burgtor

hochmittelalterliche Anlage ist groß-zügig angelegt und zeugt vom ästhetischen Gestaltungswillen der damaligen Bauherren. Durch den Vorbau (Eintritt!) gelangt man zum Kapitelsaal und zum Sommerrefektorium.

Die Säulen im Westteil entstammen der Gründungszeit des Klosters und sind spätromanisch, zum Osten werden die Säulen zierlich-gotischer. Die ehemalige **Sakristei** ist mit einem besonders prachtvollen Ziegelmosaikfußboden ausgestaltet, an der Wand sind u.a. prächtige Passionsszenen zu bestaunen.

Eine Besonderheit hat der Keller zu bieten, denn hier wird der Lübecker Münzschatz in einer überaus gelungene Präsentation gezeigt. 1984 wurden bei Bauarbeiten an der Obertrave Nr. 16 ungefähr 24.000 Gold- und Silbermünzen aus der Zeit vor der ersten Hälfte des 16. Jahrhunderts gefunden. Der Münzschatz wird durch eine in-

formative Ausstellung über Lübecker Kaufleute und ihre Beziehungen zum Hanseraum ergänzt.

Das Obergeschoss des Burgklosters diente früher als Gefängnis. U.a. wurde hier 1933 der Sozialdemokrat Julius Leber interniert und später u.a. die Geistlichen und Laien des **Lübecker Christenprozesses**. Zwei Gefängniszellen sind im Originalzustand zu besichtigen. Ein Gerichtssaal unweit der Zellen gedenkt des Lübecker Christenprozesses. Der Saal, in dem der Prozess wirklich stattfand, befand sich jedoch im neugotischen Gebäudetrakt direkt an der Großen Burgstraße.

Das »Kulturforum Burgkloster« ist heute eine multifunktionale Begegnungs- und Ausstellungsstätte. Hier wird in Wechselausstellungen moderne und zeitgenössische Kunst präsentiert. Es werden Vorträge gehalten, Konzerte gegeben, und es wird das Ge-

109

Der Lübecker Christenprozess

»Gott hat heute Nacht mit mächtiger Sprache geredet! Die Lübecker werden wieder lernen zu beten«, sagte der sichtlich angegriffene und übernächtigte Pastor auf der Kanzel der Luther-Kirche. Es war Palmsonntag 1942. Die ganze Nacht hatte er geholfen, während des **Bombenangriffs** auf Lübeck Menschen zu retten und Flammen zu löschen. Jetzt predigte er in einem Konfirmationsgottesdienst. Schnell verbreitete sich das Gerücht in der Stadt, der Pastor der Luther-Gemeinde, **Karl Friedrich Stellbrink**, habe vom Bombenangriff als einem Gottesgericht gesprochen. Es sollte Stellbrinks letzte Predigt sein. Damit war der bekannte Nazigegner zu deutlich geworden und wurde vom Naziregime getötet.

Der 1894 in Münster geborene Stellbrink, ein an der Hand versehrter Veteran des Ersten Weltkrieges, betreute von 1921 bis 1929 deutsche Gemeinden in Brasilien und kehrte voller Hoffnung auf eine »nationale Revolution« nach Deutschland zurück, wo er NSDAP-Mitglied wurde. Zunächst in Thüringen tätig, wurde er 1934 an die Lübecker **Luther-Gemeinde** versetzt. Hier nahmen die Konflikte mit seiner eigenen Partei zu, die ihn schließlich 1937 ausschloss, u.a. weil er mit einem jüdischen Mitbürger freundschaftliche Kontakte pflegte. Im Sommer 1941 – als er schon längst zu einem Feind des Regimes geworden war – traf er den katholischen Kaplan **Johannes Prassek** auf einer Beerdigung. Die beiden Geistlichen freundeten sich bald an.

Prassek, **Hermann Lange** und **Eduard Müller** waren junge Geistliche an der katholischen Herz-Jesu-Gemeinde, die dem NS-Regime ebenfalls äußerst kritisch gegenüberstanden. In ihren Predigten und Religionsstunden, Prassek auch in einem Gesprächskreis junger katholischer Soldaten, widersprachen sie teils verschlüsselt, teils unverhohlen Theorie und unmenschlicher Praxis des Nationalsozialismus. Johannes Prassek lernte Polnisch, um polnischen Zwangsarbeitern seelsorgerisch und auch praktisch helfen zu können, was einem Deutschen damals strikt untersagt war. Kaplan Lange war der Auffassung, ein Christ dürfe von deutscher Seite an diesem Krieg nicht teilnehmen. Damit kam er dem einst enthusiastischen Nationalisten Stellbrink nahe, der in großem Stil Pfennigstücke einsammelte und versteckte, weil er wusste, dass sie zu Geschosshülsen für die deutschen Truppen umgearbeitet würden.

Besonders Prassek und Stellbrink tauschten Informationen aus – beide hörten heimlich den britischen »Feindsender« BBC –, planten und organisierten die Herstellung von Flugschriften, woran sich auch Kaplan Lange beteiligte.

Auf die Festnahme des evangelischen Pastors Stellbrink folgte die Prasseks, der durch einen Spitzel der »Geheimen Staatspolizei« (Gestapo), den er für einen Freund gehalten hatte, zusätzlich belastet wurde, anschließend wurden Lange und Müller sowie 18 weitere überwiegend katholische Laien festgesetzt. Gut ein Jahr blieben sie in Untersuchungshaft. Nicht nur die Lübecker Gestapo, sondern auch die Reichsspitze in Berlin war schockiert darüber, dass erstmals Geistliche beider großer Konfessionen gemeinsam dem NS-Regime widerstanden. Derartiges hatte es bislang in Deutschland nicht gegeben, agierten doch beide Kirchen sonst strikt getrennt. Ohnehin befanden sich in beiden Kirchen ausdrückliche Kritiker des NS-Regimes in der Minderheit.

Nachdem die Geistlichen und die Laien mehr als ein Jahr unter harten Bedingungen in **Untersuchungshaft** gesessen hatten, reiste im Juni 1943 der Zweite Senat des Volksgerichtshofes nach Lübeck und machte kurzen Prozess: Die vier Geistlichen wurden zum Tode verurteilt, die Laien bis auf eine Ausnahme frei gelassen. Am 10. November 1943 wurden der evangelische Pastor Stellbrink und die katholischen Geistlichen Hermann Lange, Johannes Prassek und Eduard Müller im Hamburger Gefängnis Holstenglacis im Abstand von wenigen Minuten enthauptet.

Schon früh und bis heute führte dieses **Martyrium** ihrer vier Geistlichen die evangelische und katholische Kirche in Lübeck eng zusammen. Gemeinsam gedenken sie am 10. November in der katholischen Propsteikirche Herz-Jesu und am darauf folgenden Sonntag in der Lutherkirche des Tages der Hinrichtung. Derzeit wird in Rom die Seligsprechung der drei katholischen Geistlichen vorbereitet.

Gedenkstätten:

▶ Krypta der Propsteikirche Herz-Jesu, nahe am Dom. Der Schlüssel für die Krypta ist im benachbarten Pfarrbüro erhältlich

▶ Herz-Jesu, Parade 4, Tel. 0451/7098765, Fax 7098766, herz-jesu@kath-kirche-luebeck.de

▶ Ständige Ausstellung in der Luther-Kirche, Moislinger Allee 92 b, Tel. 0451/861049, Öffnungszeiten auf Anfrage

Literaturhinweis:

▶ Ökumene im Widerstand. Der Lübecker Christenprozess 1943. Hrsg. von Isabella Spolovjnak-Pridat und Helmut Siepenkort, Lübeck 2006

➤ Akanthus-Verzierungen im Burgkloster

➤ *Der Kranen-Konvent in der Kleinen Burgstraße*

denken an die Opfer der NS-Diktatur wachgehalten.

▶ Kulturforum Burgkloster, Hinter der Burg 2–6, Museums-Hotline 01805/929200 (0,14 €/min), Fax 122-4198, kulturforum-burgkloster@luebeck.de, Öffnungszeiten: Di–So, Apr–Dez 10–17 Uhr, Jan–Mrz 10–16 Uhr, diverse Führungen möglich, an jedem 1. Freitag im Monat ist der Eintritt frei

Das zum Kloster gehörige **Beichthaus** wurde Mitte des 14. Jahrhunderts errichtet. Eine furchtbare Pestwelle führte die Lübecker in so großen Scharen und regelmäßigen Abständen zur Beichte bei den offensichtlich beliebten Dominikanern, dass diese sich veranlasst sahen, ein eigenes Beichthaus zu bauen, um dem Andrang gewachsen zu sein.

Im westlich bzw. links vom Eingang gelegenen Beichthaus ist seit dem Sommer 2005 das Archäologische Museum untergebracht.

▶ Archäologisches Museum im Kulturforum Burgkloster, Hinter der Burg 2–6, Tel. 122-4184/–4195, kulturforum-burgkloster@luebeck.de, Öffnungszeiten: Di–So, Apr–Sept 10–17 Uhr, Okt–Mrz 10–16 Uhr, diverse Führungen möglich, an jedem 1. Freitag im Monat ist der Eintritt frei

Der Rundgang schließt sich, indem man die Straße hinter der Burg weiter links hinuntergeht. Hier in der Kleinen Burgstraße liegt der **Kranen-Konvent** (Nr. 25), Lübecks ältestes Gebäude, das vor 1284 entstanden ist. So gelangt man zurück zum Koberg, wo dieser Rundgang endet. Von hier kann man durch die Fußgängerzone (Breite Straße) eine Shopping-Tour anschließen oder sich in der **Schiffer-Gesellschaft** (siehe Kasten) (Nr. 26) erholen.

Die Schiffergesellschaft

Sie liegt an der Breiten Straße auf der anderen Seite der Jakobikirche nahe am Koberg und galt nicht nur dem Schriftsteller Hans Leip als die »klassischste Kneipe der Welt«. Jedenfalls ist sie eine der ältesten. 1535 erwarben Kapitäne das Haus, bauten es zur Breiten Straße hin aus und machten es zur Versammlungsstätte der Kapitäne und Seehandelskaufleute. Schon in katholischer Zeit hatte es die »Nikolaus-Bruderschaft« der Seeleute gegeben.

Die Beischläge aus dem Jahre 1775 rechts und links des Eingangs sind abgeschlossen mit Gotländer Kalkstein und zeigen zwei Schiffe. Hier kann man die in Lübeck gern zitierte Maxime lesen: »Allen zu gefallen, ist unmöglich.«

Drinnen geht es in jeder Weise seemännisch zu. Als Tischplatten dienen alte Schiffsplanken, von den Decken hängen Schiffsmodelle herab. Die eigentümliche und historische Atmosphäre der Schiffergesellschaft ist unvergesslich. Wer nicht auf den Bänken an den Schiffsplanken speisen möchte, dem sei geraten, einige Stufen hochzusteigen und in einem anderen Raum auf bequemerem Gestühl Platz zu nehmen. Die eigentliche »Schiffergesellschaft«, die das gleichnamige Restaurant verpachtet hat, gibt es heute noch. In sie wird aufgenommen, wer das »Kapitänspatent auf Großer Fahrt« besitzt. Neben der Geselligkeit pflegt sie nach wie vor auch soziale Aufgaben, beispielsweise die Unterstützung bedürftiger Angehöriger der Seeleute.

▶ Schiffergesellschaft, Breite Str. 2, Tel. 76776, Di–So 10–24 Uhr, www.schiffergesellschaft.de

Ausflüge

Ratzeburg

Gut 30 Kilometer von Lübeck entfernt liegt Ratzeburg. Was den Besucher gleich für den malerischen Ort einnimmt, ist zweierlei: die Insellage inmitten einer Seenlandschaft und die Tatsache, dass **Ratzeburg** im Zweiten Weltkrieg von Bombardierungen vollständig verschont geblieben ist. Das 13.000 Einwohner zählende Städtchen ist ein offiziell anerkannter Luftkurort und hat kulturgeschichtliche Schätze zu bieten.

Ratzeburg wird erstmals im Jahre 1062 erwähnt. Der Name stammt höchstwahrscheinlich von dem Slawenfürsten Ratibor, auch Race oder Ratse genannt. Bereits 1044 gab es hier ein Kloster. Heinrich der Löwe belehnte

➤ Im Zeichen Heinrichs des Löwen

1143 Graf Heinrich von Bodewide mit der Burg Ratzeburg. Nach der Entmachtung des Löwenherzogs fiel die Burg an das Fürstengeschlecht der Askanier, die an der Kolonisierung des Ostens stark beteiligt waren. 1689 kam Ratzeburg in den Besitz des Hauses Lüneburg-Celle und wurde zu einer starken Festung ausgebaut. König Waldemar von Dänemark sah darin eine Verletzung des Westfälischen Friedens und zerstörte den Ort bis auf den Dom und einige Häuser.

Im frühen 19. Jahrhundert wurde Ratzeburg, wie auch Lübeck und fast ganz Norddeutschland, vorübergehend Bestandteil des französischen Kaiserreichs, nach dem Wiener Kongress (1815) Dänemark zugesprochen und 1865 schließlich preußisch.

Neben einem allgemeinen Spaziergang durch die Altstadt und am Seeufer entlang ist besonders der **Dom** sehenswert – eine eintürmige, dreischiffige Pfeilerbasilika im romanischen Stil, der ein Kreuzgang angeschlossen ist. Wie der Lübecker Dom ist auch der Ratzeburger Dom eine Gründung Heinrichs des Löwen und wurde ungefähr gleichzeitig errichtet.

Besonderes Augenmerk verdienen das **Triumphkreuz** und der spätgotische Schnitzaltar. Die Ausmalungen des Kreuzganges sind hochmittelalterlich. Im Innenhof ist der »Bettler« von Ernst Barlach zu sehen.

Nicht nur für Kunstinteressierte lohnend ist der Besuch des A. Paul Weber-Museums. In dem Haus, das aus der Mitte des 17. Jahrhunderts stammt, wird seit 1973 das Werk des

➤ Blick vom See auf Ratzeburg

als satirischer Graphiker berühmt geworden Künstlers (1893–1980) präsentiert, der lange und bis zu seinem Tode in Schretstaken im Lauenburgischen gewohnt hat.

▶ A. Paul Weber-Museum, Domhof 5, Tel. 04541/860720, www.weber-museum.de, Öffnungszeiten: Di–So 10–13 Uhr und 14–17 Uhr

In der Stadtmitte, am Barlach-Platz neben dem Markt und der Petri-Kirche, steht das Barlach-Museum. Der in Wedel an der Niederelbe geborene **Ernst Barlach**, Bildhauer, Zeichner und Dramatiker, verbrachte hier seine Schülerzeit. Das Museum gewährt einen beeindruckenden Einblick in die künstlerische Entwicklung Barlachs.

▶ Barlach-Haus, neben der St. Petri-Kirche, Tel. 04541/3789, Öffnungszeiten: Di–So 10–13 Uhr und 14–17 Uhr

Wer einen schönen Blick auf Ratzeburg, seinen Dom und die **Seenlandschaft** genießen möchte, dem sei empfohlen, auf den Georgsberg zu spazieren – hier steht die älteste Ratzeburger Kirche.
Empfehlenswert sind auch die Schiffsfahrten auf dem Ratzeburger See oder auf der Wakenitz.

▶ Personenschiffahrt Reinhold Maiworm, Roeckstraße 50, 23568 Lübeck, Tel. 0451/35455, Fax 32034, maiworm-schiffahrt@t-online.de, www.maiworm-schiffahrt.de

117

Mölln

Mölln liegt ca. 15 Kilometer südlich von Ratzeburg. Der von Seen umgebene Kneipp-Kurort Mölln ist weithin als die »Eulenspiegelstadt« bekannt. Nach der Überlieferung soll Till Eulenspiegel hier im Jahre 1350 gestorben sein. Mölln wird erstmals 1188 im Barbarossa-Privileg erwähnt, in dem festgeschrieben wurde, dass der Einflussbereich Lübecks bis zum Möllner See reichte.

Das im Zweiten Weltkrieg unzerstört gebliebene Mölln wurde in den 1970er-Jahren zum »Stadtdenkmal« erklärt. Sein 1373 fertig gestelltes Rathaus ist das zweitälteste in Schleswig-Holstein und wurde 1993 zum Museum umfunktioniert. Es enthält eine stadtgeschichtliche Sammlung und

> Im Jahre 1350 soll der berühmte Schalk
> Till Eulenspiegel hier in Mölln gestorben sein

eine Darstellung des Alltagslebens von 1750 bis 1950. Der Eintritt berechtigt auch zum Besuch des gegenüberliegenden **Eulenspiegel-Museums**, das übrigens keineswegs nur für Kinder interessant ist.

▶ Möllner Museum – Historisches Rathaus, Am Markt 12, Tel. 04542/835462, Fax 836503, www.moelln.de, Öffnungszeiten: Di–Fr 10–12 Uhr und 14–17 Uhr, Sa/So 11–16 Uhr sowie nach besonderer Vereinbarung

> Hübsche Fachwerkhäuser zieren die Straßen Möllns

▶ **Eulenspiegelmuseum, Öff-**
nungszeiten: Di–Fr 14–16 Uhr,
Sa/So 11–13 u. 14–16 Uhr

Über die Möllner Kurverwaltung kann eine Eulenspiegel-Begrüßung für Kinder und Erwachsene zum Preis von 25 € gebucht werden, Tel. 04542/7090.

Über der Altstadt mit ihren liebevoll sanierten Häusern, teilweise mit Fachwerk, thront die St. Nicolai-Kirche. Ihr Baubeginn fällt vermutlich ins frühe 13. Jahrhundert, nur das Südschiff und die Taufkapelle entstammen dem fortgeschrittenen 15. Jahrhundert. Die **Malereien** im Chor erzählen vom Kampf der Christen gegen die Slawen, dabei ist v.a. das Fragment eines Glockenläuters aus dem 14. Jahrhundert im Chorbogen eine Besonderheit. Der Namenspatron der Kirche, der heilige Nikolaus, ist im östlichen Mittelschiff zu sehen, während der Besucher eine spätgotische Darstellung des heiligen Bonaventura, eines Franziskaners und bedeutenden Kirchengelehrten des hohen Mittelalters, im Turm findet. An den wohl berühmtesten Sohn der Stadt – Till Eulenspiegel – erinnert eine beschriftete Steintafel an der Außenwand der Kirche.

119

Nach Mecklenburg:
Klütz und Boltenhagen

Der Weg ins Mecklenburgische ist gut ausgeschildert. Über den einstigen Grenzübergang Selmsdorf kommt man nach Dassow. Schon hier befindet man sich im »**Klützer Winkel**«, einem hügeligen Gebiet mit Feldern, Wäldern und Alleen, zu dessen Vorzügen es gehört, von der modernen Entwicklung fast ein wenig vergessen wor-

den zu sein. Auf einem Hügel liegt in Klütz unübersehbar die »Alte Mühle«, deren Besuch unbedingt zu empfehlen ist – nicht zuletzt, weil in der historischen Mühle ein Restaurant untergebracht ist.

Ein besonderes Erlebnis ist aber der Besuch des **Schlossparks**, der im frühen 17. Jahrhundert angelegt wurde – und Schloss Bothmer gehört zu den beeindruckendsten mecklenburgischen Schlössern.

Nördlich von Klütz liegt das alte Ostseebad **Boltenhagen**, das sich seit der Wende zu einem mondänen Seebad entwickelt hat. Wer den Strand nach Westen entlangspaziert, entdeckt einen noch völlig naturbelassenen und einsamen Küstenstreifen mit einem allmählich ansteigenden, aber nicht sehr hohen Steilufer mit vorgelagerten Felssteinen.

➤ Die alte Mühle in Klütz

121

Im Norden von Lübeck: Travemünde, Niendorf/Ostsee und Timmendorfer Strand

Nördlich von Lübeck liegt die Viermastbark »**Passat**«, die mit ihren 56 Meter hohen Segelmasten die Travemündung überragt. Heiratswillige können sich auf dem historischen Großsegler das Jawort geben.

Fährt man weiter in nördlicher Richtung, kommt man schließlich nach **Niendorf/Ostsee**. Das alte Fischerdorf gehört zur Gemeinde Timmendorfer Strand, hat sich aber seinen ganz eigenen Charme erhalten können. Besonders der Fischereihafen erinnert noch an alte Zeiten, wenn auch besonders im Sommer Mo-

➢ Travemünde: das Hotel Maritim und der alte Leuchtturm

tor- und Segelyachten das Bild bestimmen. Im Rahmen eines Küstenschutzprogrammes erhielt die Gemeinde Timmendorfer Strand erhebliche Summen vom Land Schleswig-Holstein und von der Europäischen Union für den Ausbau des Niendorfer Hafens. U.a. wurden die Verkaufs- und Fischfangzubehörbuden standardisiert, der Weg am Hafen nobel gepflastert, demnächst ist eine Marina für weitere Yachten sowie ein Luxushotel projektiert. Am anderen Ende von Niendorf, westlich und östlich der Landungsbrücke, wird eine Fußgängerzone eingerichtet, sodass Pensionen und Hotels nicht mehr durch eine Autostraße vom Strand getrennt werden.

Der Hafen ist inzwischen ein beliebter Treffpunkt nicht nur der Kurgäste, sondern auch Hamburger und Lübecker Kurzbesucher geworden. Vom **Niendorfer Hafen** starten auch Ausflugsschiffe in die Lübecker Bucht, beispielsweise mit Fahrten nach Neustadt, Grömitz oder Boltenhagen. Einige Meter südlich des Hafens, also im Niendorfer Hinterland, liegt der Niendorfer Vogelpark in einem **Naturschutzgebiet**. Auf 70.000 Quadratmetern leben hier mehr als 1300 Vögel (350 z.T. exotische Arten). Der Vogelpark enthält u.a. die größte Sammlung lebender Eulen der Welt und eine stattliche Anzahl an Adlern.

▶ Vogelpark, An der Aalbeek, Tel, 04503/4740, Fax 873, Öffnungszeiten: tägl. 9–17 Uhr

➤ Die Strandpromenade von Travemünde

Wer gerade im Sommer die Neigung verspürt, sich zwischendurch vom lebhaften Strand- und Promenadenbetrieb zu entfernen, dem ist zu empfehlen, hinter dem Vogelpark weiter ins Hinterland zu spazieren – in eine verwunschene Fluss-Schilf- und Waldlandschaft. Beispielsweise kommt man so an den Nordzipfel des **Hemmelsdorfer Sees**, der vom Hermann-Löns-Blick, einem Aussichtsturm, gut zu überschauen ist. Am Grund dieses Sees befindet sich die tiefste Stelle Deutschlands – hier ist es über 43 Meter tief.

Mondäner als Niendorf gibt sich **Timmendorfer Strand** – Villen und große Hotels, ein Kongresszentrum und viele Straßencafés und Restaurants bestimmen das Bild. Hier ist beispielsweise das »Central Café Fitz« zu nennen, das die Einheimischen und die Lübecker gern auch »Café Wichtig« nennen, denn hier sehen und gesehen zu werden – vor noch mehr als im Café –, bereitet vielen Besuchern ein besonderes Vergnügen.

Im nahe gelegenen »**Sea Life Center**« sind die Wasserwelten des Ozeans, eines Fjordes, des Elbe-Lübeck-Kanals sowie des Niendorfer Hafens zu besichtigen.

SeaLife arbeitet mit Greenpeace zusammen, hält nur Fische, deren Haltung in Aquarien vertretbar ist, und betreibt eine eigene Aufzuchtstation.

▶ Sea Life Timmendorfer Strand, Kurpromenade 5, Tel. 04503/35880, Fax 358822, www.sealifeeurope.com

Die meisten Ausflugsschiffe, die vom Niendorfer Hafen starten, unterbrechen ihre Fahrt an der Timmendorfer Landungsbrücke, um Gäste aufzunehmen.

Heinrich & Nelly

Niendorf spielt auch in der Literaturgeschichte eine Rolle, denn hier wuchs Heinrich Manns zweite Frau, Nelly Kröger, auf. Eine Hommage an Nelly Kröger ist Heinrich Manns Roman »Ein ernstes Leben«, der u.a das Milieu der Niendorfer Fischer um 1900 schildert. Im Frühjahr 1952 tagten die Schriftsteller der »Gruppe 47« in Niendorf – hier trug Paul Celan erstmals sein später berühmt gewordenes Gedicht »Todesfuge« vor.

Informationen
A–Z

Lübeck

Die Vorwahl für Lübeck ist 0451.

Archiv

Stadtarchiv: Mühlendamm 1–3 (neben dem Dom), Tel. 1224152, Fax 1221517, archiv@luebeck.de, Mo–Do 8–16 Uhr Fr 8–12 Uhr, Busverbindungen: 2, 6, 7, 8, 9, 16, 19 (Haltestelle Fegefeuer)

Auskunft

Welcome Center, Lübeck und Travemünde Tourist-Service GmbH, Holstentorplatz 1, 23552 Lübeck, info@luebeck-tourismus.de, Hotline 01805-882233 (0,14 €/min) Jan–Mai, Okt–Nov Mo–Fr 9.30–18 Uhr, Sa 10–15 Uhr, So geschlossen, Jun–Sept, Mo–Fr 9.30–19 Uhr, Sa 10–15 Uhr, So u. feiertags 10–14 Uhr, www.luebeck-tourismus.de

Lübecker Verkehrsverein e.V., Tel. 72339/72300, Fax 704890, www.luebecker-verkehrsverein.de

Stadtrundfahrt mit Bus, Mai–Sep tgl. zwischen 10 und 16 Uhr zu jeder vollen Stunde, Einstieg Halltestelle Kohlmarkt, Tel. 861644, www.ivgbus.de

Autovermietung (Auswahl)

Hertz-Miera Autovermietung, Blankenseer Str. 101, Tel. 5859199, Fax 5859197 u. in der Willy-Brandt-Allee 1, Tel. 702250, www.hertz-miera.de

Sixt GmbH & Co. Autovermietung KG, Waisenallee 10, Tel. 43966 u. 43969, www.sixt.de

Baden

Schwimmhalle St. Lorenz: Ziegelstraße 152, Tel. 474422, Mo/Mi 8–16.45 Uhr, Di 7.30–21 Uhr Do 8–21 Uhr, Fr 7.30–16.45 Uhr, Sa 8–17.45 Uhr, So 8–15 Uhr, Mo/So geschlossen. Kinderspielnachmittag: Sa 14.30–16 Uhr

Freibäder

Schlutup, Palinger Weg, Tel. 690842, Öffnungszeiten, Mo–Fr 10–22 Uhr, Sa, So u. feiertags 10–18 Uhr

Moisling, Pennmoor, Tel. 801040, Öffnungszeiten, Mo–Fr 10–20 Uhr, Sa, So u. feiertags 10–18 Uhr

Flussbadeanstalt Marli, Drägerpark, Tel. 63877, Mo–So 10–20 Uhr

Krähenteich, An der Mauer 51/52, Tel. 0160/91580487

Freibad Falkenwiese an der Wakenitz, Tel. 794315

Ballonfahrt

g.e.o. balloning, Hinter den Kirschkaten 10, Tel. 400850, Fax 4008525, www.geo-ballooning.com

Bibliotheken

Zentrale Hochschulbibliothek, Ratzeburger Allee 160, Tel. 5003045, Fax 5002878, www.zhb.mu-luebeck.de

Stadtbibliothek (Zentrale), Hundestr. 5/17, Tel. 1224110 u. 12241, Fax 1224112, www.luebeck.de/kultur_bildung/bibliothek

Camping

Globe Camp, Krähenstraße,
Tel. 72027

Campingplatz Schönböcken, Steinrader Damm 12, Tel. 893090 (Saison: Apr–Okt)

Fahrradverleih

Leihcycle, Schwartauer Allee 39,
Tel. 42660

Buy Cycle, Wahmstr. 28,
Tel. 75757

Flughafen

Flughafen Lübeck, Blankenseer Str. 191, Tel. 58301-0, Fax 58301-24, www.flughafen.luebeck.de

Galerien

Bilderhaus Bornemann, Aegidienstr. 35, Tel./Fax 73076, www.bilderhaus-bornemann.de

Galerie Koch-Westenhoff, Hüxstr. 29, Tel. 72808, Fax 7063359, info@galerie-koch-westenhoff.de

Galerie Stewner, Wahmstr. 70, Tel. 75330, Fax 75330, www.galerie-stewner.de, Mi–Fr 11–13 Uhr u. 14–18 Uhr, Sa 11–14 Uhr

Galerie-Werkstatt Caroline Rügge (Schmuck), Fleischhauerstr. 63, Tel. 7020367, Fax 7020367

Gedok-Atelierhaus, Glashüttenweg 17–19, Tel. 31432, www.kielcafe.com/GEDOK

Künstlerzentrum, Engelswisch 65 (geht von der Engelsgrube ab), Tel. 72827

Kunsthaus Lübeck (u.a. Grafik des 20. Jahrhunderts), Königstr. 20, Tel. 75700, Fax 73755, Kunsthausluebeck@t-online.de

Kunstzeitraum Lübeck, Balauerfohr 31–33, Tel. 3969670, post@kunstzeitraum.de, Nitsche Kunsthandel, Fleischhauerstr. 67–71, Tel. 72951, Fax 75631, www.artnit.de

Hotels (Auswahl)

Die folgende Liste enthält eine Auswahl von Hotels in der Altstadt oder in Altstadtnähe. Die Touristinformation hält umfassendes Informationsmaterial bereit.

Zentrale Zimmervermittlung Touristbüro im Welcome Center, Holstentorplatz 1, Hotline 01805/882233 (0,14 €/min)

Hotel Stadtpark, Roeckstr. 9, Tel./Fax 6132805, www.hotelstadtpark-luebeck.de, ab 39 €. In der Nähe des Burgtors. Nur mit Frühstück. Wenige Minuten zur Altstadt (31 Betten)

Hotel zur alten Stadtmauer, An der Mauer 57, Tel. 73702, Fax 73239, www.hotelstadtmauer.de, ab 34 €€ mit außergewöhnlich familienfreundlichen Preisen bis zum 5-Bett-Zimmer. Reduzierte Preise bei längerem Aufenthalt. Frühstücksbuffet, Fahrradverleih. Mit z.T. gutem Blick auf die historische Altstadt (46 Betten)

Klassik Altstadt Hotel, Fischergrube 52, Tel. 702980, Fax 0452/73778, www.klassik-altstadt-hotel.de, ab 70 €, Suite 128 €. Für besonders Kulturinteressierte: Die Zimmer widmen sich an den Wänden je einer

Lübecker Künstlerpersönlichkeit
(40 Betten)

Hotel Lindenhof, Lindenstr.
1a, Tel. 872100, Fax 8721066,
www.lindenhof-luebeck.de, ab 64 €,
Hotel mit persönlicher Ausstrahlung,
zwischen Bahnhof und Holstentor,
mit Frühstück und Mo–Fr kalter Küche und Suppen (115 Betten)

Hotel am Mühlenteich, Mühlenbrücke 6, Tel. 77171, Fax 76302
www.muehlenteich.com, ab 49 €.
Nur mit Frühstück, z.T. mit schönem
Blick auf den Mühlenteich und den
Dom (20 Betten)

Alte Stadtwache, Mühlenbrücke 7, Tel. 71866, Fax 7028537
www.altestadtwache.de, ab 56 €.
Gutes Restaurant mit Weinstube
(20 Betten)

Schwarzwaldstuben, Koberg 12–15,
Tel. 77715 u. 78392, Fax 705414, ab
50 € (28 Betten)

Park Hotel am Lindenplatz, Lindenplatz 2, Tel. 871970, Fax 8719729,
www.parkhotel-luebeck.de, ab 59 €,
familiär geführte Jugendstilvilla zwischen Bahnhof und Holstentor
(38 Betten)

Hotel Wakenitzblick, Augustenstr. 30,
Tel. 7026300 u. 791296, Fax 792645,
ab 50 €. Schöner Blick auf die Wakenitz mit Abfahrt von Ausflugsschiffen
bis zum Ratzeburger See und Vermietung von Paddel-Tret- und Elektromotorbooten direkt vor dem Haus
(36 Betten)

Hotel Stadt Lübeck, Am Bahnhof 21,
Tel. 83883 u. 864194, Fax 863221,
www.stadt-luebeck-hotel.de,
ab 39 € (48 Betten)

Hotel Herrenhof, Herrendamm 8,
Tel. 46027, Fax 45888, www.hotel-herrenhof.de, ab 30 € (50 Betten)

Hotel »Zum Ratsherrn«, Herrendamm 2–4, Tel. 43339, Fax 4791662,
ab 55 € (60 Betten)

Hanseatischer Hof, Wisbystr. 9, Tel.
300200, Fax 4791955, www.holsten-residenz.de, ab 45 € (64 Betten)

Ringhotel Jensen, An der Obertrave 4–5, Tel. 702490, Fax 73386,
www.hotel-jensen.de, ab 65 €. Traditionsreiches Hotel, teilweise mit Blick
auf das nahe Holstentor und Obertrave (90 Betten)

Alter Speicher, Beckergrube 91, Tel.
71045, Fax 704804, www.hotel-alter-speicher.de, ab 56 bis 75 €, Altstadthaus, zentral gelegen zwischen
Theater und Musik- und Kongresshalle (100 Betten)

Hotel Kaiserhof, Kronsforder Allee
11–13, Tel. 703301, Fax 795083,
www.kaiserhof-luebeck.de, ab 72 €
bis 225 DZ-Suite. In zwei prachtvollen Villen mit Sauna und Schwimmbad, Gästehaus um die Ecke, 5 Minuten zu Fuß von der Altstadt (110
Betten)

Ibis Hotel Lübeck, Fackenburger
Allee 54, Tel. 40040, Fax 4004444,
www.ibishotel.com, ab 49 € (102
Betten)

Hotel Excelsior, Hansestr. 3, Tel. 88090, Fax 880999, www.hotel-excelsior-luebeck.de, ab 62 € (120 Betten)

Best Western Hotel Aquamarin Lübeck, Dr. -Luise-Klinsmann-Str. 1–3, Tel. 88020, Fax 84033, ab 69 € (230 Betten)

Mövenpick Hotel, Willy-Brandt-Allee 1–5, Tel. 15040, Fax 1504111 www.movenpick-lubeck.com , 94 €, Festräume, Bar. Liegt zwischen Bahnhof und Altstadt, nahe der Musik- und Kongresshalle (337 Betten)

Scandic Hotel, Travemünder Allee 3, Tel. 37060, Fax 3706666, www.scandic-hotel-luebeck, ab 90 €. Direkt vor dem Burgtor, mit Konferenzräumen und Wellness-Bereich, Bar und Restaurants (316 Betten)

Radisson SAS Senator Hotel, Willy-Brandt-Allee 6, 23554 Lübeck Tel. 142-0, Fax 1422222 www.senatorhotel.de, ab 129 €, Sonderpreise auf Nachfrage. Mit Konferenzräumen und Wellness-Bereich, Bars und Restaurants. Direkt an der Trave mit ausgezeichnetem Blick auf das Altstadt-Panorama (400 Betten)

Internetadressen
www.luebeck-tourismus.de
www.luebeck-netzwerk.de
www.luebeck.de
www.kit-projekt.de

Internetcafés
Cyberb@r, Königsstr. 54–56, www.cyberbar.de, cyberbar@karstadt.de

Internet-Café-Netzwerk, Wahmstr. 58, Tel. 3968060, www.netzwerk-luebeck.com

Key-West Internetcafé, Mühlenstr. 39, Tel. 705690, www.key-west.de

Jugendunterkünfte
Folke-Bernadotte-Heim (DJH), Am Gertrudenkirchhof 4, Tel. 33433 u. 3885981 u. 3882208, Fax 34540, www.jhluebeck@djh-nordmark.de, nahe dem Burgtor und der Altstadt.

Jugendherberge Lübeck Altstadt, Mengstr. 33, 23552 Lübeck, Tel. 7020399, Fax 77012, www.jhluebeck@djh-nordmark.de, beste Lage in der historischer Altstadt!

CVJM, Große Petersgrube 11, Tel. 71920, Fax 78997, www.cvjm-luebeck.de, beste Lage in der historischen Altstadt!

Kinos
Capitol-Kinocenter, Breitestraße 13, Kartenvorbestellung und Info: Tel. 7030120, www.cinestar.de

Cinestar Filmpalast Stadthalle, Mühlenbrücke 9, Kartenvorbestellung und Info: Tel. 7030100, Fax 7030122, www.cinestar.de

Kommunales Kino, Mengstraße 35, Kartenvorbestellung und Info: Tel. 1221287, Fax 1225745, Freitag 16 Uhr Kinderkino

Das Filmhaus, Königsstr., 38–40, Kartenvorbestellung und Info: Tel. 3968467, www.cinestar.de

Kneipen (Auswahl)

»Im alten Zolln«, Mühlenstr. 93, Tel. 72395, Fax 74045, www.alter-zolln.de. Eine der ältesten deutschen Kneipen. Preiswerte und kernige Kost, gutes und preiswertes Stammessen am Mittag, im Winterhalbjahr an jedem Donnerstagabend Jazz, Rock oder Popmusik live ohne Eintritt. (Schon seit 450 Jahren kein geheimer Tipp mehr!)

»Buthmann's Bierstube«, Glockengießerstr. 3 (bei St. Katharinen), Tel. 76788, strahlt den verrauchten herbherzlichen Charme einer ganz alten Kneipe aus. Hier gab schon das deutsche Künstlergenie Horst Janssen dem damaligen Wirt 200 DM Trinkgeld. Ganz gelegentlich sitzt hier auch Günter Grass. Gute Bierauswahl.

Das »If« in der Engelsgrube 41, Tel. 704681, wurde einst von der verstorbenen Ilse Frank gegründet, der geschiedenen Frau des Filmschauspielers Horst Frank. Weitgehend in ihrem Stil wird die als wirklich »urig« zu bezeichnende Kneipe fortgeführt. Für die Lübecker der 68er-Generation eine Legende.

Krankenhäuser

Marien-Krankenhaus, Parade 3, Tel. 1407-0, www.marien-krankenhaus.de

Krankenhaus Schwesternschaft Lübeck, Marlistraße 10, Tel. 6202-0, www.drk-schwhl.de

Sana-Kliniken, Kronsforder Allee 71–73, Tel. 58501, www.khs-online.de

Universitätsklinikum Schleswig-Holstein, Ratzeburger Allee 160, Tel. 5000, www.ukl-online.de

Museen

Für alle Museen wurde eine zentrale Hotline eingerichtet: 01805/929200 (0,14 €/min)

Buddenbrookhaus, Mengstr. 4, Fax 1224140, www.buddenbrookhaus.de, info@buddenbrookhaus.de Apr–Dez 10–18 Uhr, Jan–Mrz 11–17 Uhr, Büro: Mo–Fr 9–17 Uhr,

Geschichtswerkstatt Herrenwyk, Kokerstr.1–3 (rechts hinter Herrenbrücke bzw. Herrentunnel von der Innenstadt aus gesehen), Fr 14–17 Uhr, Sa/So 10–17 Uhr

Günter Grass-Haus, Glockengießerstr. 21, www.guenter-grass-haus.de, info@guenter-grass-haus.de, Apr–Dez 10–17 Uhr, Jan–Mrz 11–17 Uhr

Konditorei-Café Niederegger (Marzipan-Museum), Breite Straße 89, Reservierung unter: Tel. 5301126-127, Fax 77624, Mo–Fr 9–19 Uhr, Sa 9–18 Uhr, So 10–18 Uhr (der Eintritt ist frei, ein Fahrstuhl für Behinderte Besucher ist vorhanden), www.niederegger.de

Kulturforum Burgkloster, Hinter der Burg 2–6, Fax 1224198, kulturforum-burgkloster@luebeck.de, Apr–Dez Di–So 10–17 Uhr, Jan–Mrz Di–So 10–16 Uhr

Museum Behnhaus/Drägerhaus, Königstr. 9–11, Fax 112-4183, mkk@luebeck.de, Apr–Dez Di–So

10–17 Uhr, Jan–Mrz Di–So 11–17 Uhr

Museum für Natur und Umwelt, Besuchereingang Musterbahn, Fax 1224199, Di–Fr 9–17 Uhr, Sa–So 10–17 Uhr (1. Do im Monat bis 21 Uhr geöffnet)

Museum für Puppentheater (Sammlung Fritz Fey jun.), Kleine Petersgrube 4–6, Tel. 78626, www.fritzfey.de, tgl. 10–18 Uhr

Museum Holstentor, Holstentorplatz, Fax 1224183, mkk@luebeck.de, Apr–Dez Mo–So 10–18 Uhr, Jan–Mrz Di–So 11–17 Uhr

Museumskirche St. Katharinen, Königstraße, Fax 1224183, mkk@luebeck.de, Apr–Dez Di–So 10–17 Uhr, Öffnungszeit kann witterungsbedingt abweichen

St. Annen-Museum/Kunsthalle, St. Annen-Straße 15, Fax 122-4183, mkk@luebeck.de, Apr–Dez Di–So 10–17 Uhr, Jan–Mrz Di–So 11–17 Uhr

Völkerkundesammlung, Parade 10, Fax 122 – 4348, vks@luebeck.de, Di–So 10–17 Uhr (jeden 1. Do im Monat bis 21 Uhr geöffnet)

Restaurants (Auswahl)
Schabbelhaus, Mengstr. 48–52, Tel. 72011, Fax 75051, www.schabbelhaus.de. Es gehört zu den allernobelsten, hält allerdings auch finanzverträgliche Gerichte. In dem historischen Lübecker Dielenhaus der geschichtsträchtigen Mengstraße, die schon Thomas Mann in den »Buddenbrooks« schilderte, wird die alte Lübecker Bürgerkultur zelebriert. Hier speisten schon Monarchen, Präsidenten und andere Wichtigkeiten. Es ist noch nicht lange her, da meinte der deutsch-italienische Schauspieler Mario Adorf, so gut noch nie gespeist zu haben. Deutsch-italienisch ist auch die Küche, die Weine sind erlesen.

Schiffergesellschaft, Breite Str. 2, Tel. 76776, Fax 73279, www.schiffergesellschaft.de. Eines der ältesten deutschen Lokale, schon wegen der Fischgerichte unbedingt zu empfehlen.

Restaurant Lübecker Hanse, Im Kolk 3–7 (geht von der Holstenstraße, bergab gesehen, links ab), Tel. 78054, Fax 71326, www.luebeckerhanse.de. Ausgezeichnete Küche in historischem Haus.

Ratskeller, Markt 13 (unter dem Rathaus), Tel. 72044, Fax 72052, www.ratskeller-zu-luebeck.de. Zu empfehlen wegen seiner solide-guten deutschen Küche unter historischen Gewölben.

Historischer Weinkeller unter dem Heiligen-Geist-Hospital, Koberg 8, 23552 Bremen, Tel. 76234, Fax 75344, www.historischer-weinkeller-hl.de. Er vereinigt ein gutes Restaurant, einen »Kartoffelkeller« und eine Weinstube unter historischem Gewölbe.

Restaurant »Heinrichs«, Königsstr. 5–7, Tel. 7060367, www.restaurantheinrichs.de. Im bei unseren Streifzügen schon genannten Gebäude der »Gemeinnützigen Gesellschaft« befindet sich das gediegene Restaurant »Heinrichs« mit hervorragender Küche im bürgerlichen Ambiente des 19. Jahrhunderts. Im Sommer ist die Terrasse mit Ausblick auf einen parkartigen Garten zu empfehlen. Preisgünstiger Mittagstisch.

»Papadopulos«, Pfaffenstr. 12 (das Verbindungsstück zwischen Glockengießerstr. und Beckergrube), Tel. 78909. Das »Papadopulos« gilt zu Recht als der »Nobelgrieche« in der Altstadt.

»Schmidt's«, Dr.- Julius-Leber-Str. 60, Tel. 76182, Fax 704166. Das »Schmidt's« erfreut u.a. mit südeuropäischer Küche, guter Atmosphäre und recht nachvollziehbaren Preisen

Notrufe
Ärztlicher Notdienst in Lübeck, Tel. 71081

Polizei Lübeck, Tel. 1311

Öffentliche Einrichtungen
Städtisches Fundbüro, Dr.-Julius-Leber-Str. 46/48, Tel. 1223256

Hauptpoststelle, Königsstraße 44–46, Tel. 702150

Fundbüro der Stadtwerke/Verkehrsbetriebe, ZOB-Info-Büro, Tel. 8882893

Flughafen Lübeck, Blankenseerstr. 101, Tel. 583010, Fax 5830124,

www.flughafen-luebeck.de

Schiffsfahrten rund um Lübeck
Quandt-Linie, Tel. 77799, Fax 78439, www.quandt-linie.de, info@quandt-linie.de, Schiffsanleger »Holstentorterrassen«, An der Obertrave und »Wallhalbinsel« (MuK); (Saison-Linienfahrten ganzjährig, außer bei Eisgang)

City-Schifffahrt, Abfahrten Fußgängerbrücke MuK (Stadtseite) u. Holstenbrücke (Untertrave) (Saison: Linienfahrten tgl. von Mrz–Okt 10–18 Uhr, jede halbe Stunde), Tel. 20963424, Fax 3002820

Stühff's Stadt und Hafenrundfahrten, Tel. 7078222, Fax 2038441, www.Luebecker-Barkassenfahrt.de, An der Obertrave (gelber Anleger), (Saison ganzjährig)

Wakenitz-Fahrt zum Ratzeburger See, Personen-Schiffahrt Reinhold Maiworm, Tel. 35455, Fax 32034, www.maiworm-schiffahrt.de, Abfahrt in Lübeck, Moltkebrücke, (17.4.–10.10. um 10 Uhr und 14 Uhr

Wakenitzschiffahrt Quandt, Tel. 793885, Fax 7074456, Abfahrt Moltkebrücke (Saison: Mai–Okt), www.wakenitz-schiffahrt-quandt.de

Schiffahrt Lübeck-Travemünde-Lübeck, KuFra Schiffahrtslinien GmbH, Teerhofsinsel 14a, Tel. 2801635, Fax 2909188, Abfahrt in Lübeck, Anleger Drehbrücke (Saison: Linienfahrten tgl. Mai–Okt, Apr Mi, Sa/So), www.koenemannschiffahrt.de

Sportstätten
Bowling am Pferdemarkt, Pferdemarkt 6, Tel. 72270, Fax 7060194

Hallenkartbahn Montecarlo GmbH & Co. KG, Genuiner Ufer 8, Tel. 51800

Lübecker Tennis u. Hockeyclub e.V., Ziegelstr. 32, Tel. 43530

Stadion Lohmühle, VfB Lübeck, Bei der Lohmühle 13, Tel. 484720, Fax 471314, www.vfb-luebeck.de

Sportpark Hülshorst, An der Hülshorst 11, Tel. 32111, Fax 35414, tgl. 9.30–24 Uhr geöffnet, www.sportpark.huelshorst.de

Stadtführungen

Als besonders qualifiziert erweist sich die Gästeführeragentur Lübeck. Sie vermittelt Stadtführungen, gestaltet Tagesprogramme und Ausflüge an die Ostseeküste, in die Holsteinische Schweiz, in die Lauenburgische Seenplatte und nach Mecklenburg.

Gästeführeragentur Lübeck, Im Gleisdreieck 42, Tel. 596220, Fax 599089, www.luebecker-stadtfuehrer.de

Tourist-Information im Welcome Center, Holstentorplatz 1, Hotline: 01805-882233 (0,14 €/min), www.luebeck-tourismus.de

Taxi

Lübecker Funk-Taxen, Tel. 81122

Taxi-Ruf, Tel. 71011

Theater/Spielstätten

Theater Lübeck, Beckergrube 16, Tel. 399600, www.theaterluebeck.de

Theater Combinale, Hüxstr. 115, Tel. 78817, Fax 7063078, www.combinale.de

Lübecker Marionettentheater Fritz Frey, Kolk 20–21, Tel. 70060, www.fritzfey.de

Theater Partout, Wahmstr. 43–55, Tel. 70004, www.theater-partout.de

Freilichtbühne Lübeck Wallanlagen, Tel. 04194/7569, Fax 04194/7539, www.freilichtbuehne-luebeck.de

Unterwasser-Marionetten-Theater, Großer Börsensaal im Lübecker Rathaus, Breite Straße (Eingang Markt), gastieren nur im Winter in Lübeck, Tel. 0177/4510700, Fax 0451/477514, www.wassertheater.de

Lübecker Musik- und Kongresshalle GmbH, Willy-Brandt-Allee 10, Tel. 7904400 (Kartenvorverkauf), Fax 7904100, www.muk.de

Werkhof Lübeck e.V., Kanalstr. 70, Tel. 75718, Fax 75251, www.werkhof-luebeck.de

Verkehr

Öffentliche Verkehrsmittel, Stadtverkehr Lübeck GmbH, Tel. 8882707, Fax 8882708, www.stadtverkehr-luebeck.de, info@stadtverkehr-luebeck.de

Deutsche Bahn Fahrplanauskunft, Tel. 11861, www.bahn.de

Verbindung zum Stadtteil Travemünde mit den Doppeldeckerbussen der Lübeck-Travemünde-Verkehrsgesellschaft (LVG), Tel. 86160

Travemünde

Die Vorwahl für Travemünde ist
04502.

Auskunft
Lübeck- und Travemünde Tourist–
Service GmbH, Touristbüro Travemünde im Strandbahnhof, Bert-
lingstr. 21, Hotline 01805/882233
(0,14 €/min)

Autovermietung
Hertz-Miera, TRAVAG, Godewind 5,
Tel. 88880

Camping
Katt, Priwall, Strandcamping, Dünen-
weg 3, Tel. 2835, Fax 777996

Beythien-Peters, Ivendorf, Franken-
kroogweg 2–4, Tel. 4865, Fax 75516

Casino
Casino, Kaiserallee 2, Tel. 8410

Fährlinien
TT-Linie, von Travemünde nach
Trelleborg/Schweden, Tel. 80181,
www.ttline.de

Finnlines, von Lübeck/Travemünde
nach Helsinki und zu anderen fin-
nischen Häfen, Tel. 1507443,
www.finnlines.de

Skan-Link, von Travemünde nach
Malmö, Buchung: Skandinavien-Link
GmbH, Zum Hafenplatz 1, Tel. 80511,
www.nordoe-link.com

Fahrradverleih
Breitsch, Kurgartenstr. 67, Tel. 6622

Bruders, Priwall, Mecklenburger
Landstr. 14, Tel. 5340

Greisen, Moorredder 15, Tel. 3550

Fundbüro
Stadtteilbüro Tavemünde, Am Lot-
senberg 1, Tel. 862710, Mo/Di 8–14
Uhr, Do 8–18 Uhr, Fr 8–10 Uhr

Hotels (Auswahl)
Parkhotel Travemünde, Godewind 7, Tel. 74220, Fax 74225,
www.parkhotel-travemuende.de, ab
26 €, mit Sonderangeboten, ruhige
Lage am Godewindpark, knapp 5 Minuten zum Strand (50 Betten)

Strandschlößchen, Strandpro-
menade7, Tel. 75035, Fax 75822,
www.hotel-strandschloesschen.de,
ab 50 €, attraktive Sonderpreise zu
erfragen, gutes Restaurant, teils See-
blick, direkt am Strand (54 Betten)

Hotel Garni Villa Charlott und Haus
Kolberg, Kaiserallee 5, Tel. 86110,
Fax 861199, www.villa.charlott.de,
ab 25 € (50 Betten)

Hotel Sonnenklause, Kaiserallee
21–25, Tel. 86130, Fax 8613113,
www.hotel-sonnenklause.de, ab
35,50 €, Sonderpreise auf Anfrage, mit hoteleigener Segelyacht
zum Chartern oder Mitsegeln, Sauna, Massagen nach Anfrage, kinder-
freundlich, familiär geführt, ca. 1 Mi-
nute zum Strand (40 Betten)

Hotel Old Dutch, Achterdeck 9,
Tel. 73336, Fax 777300, ab 30 €
(14 Betten)

Hotel Strandperle, Kaiserallee 10, Tel. 308989, Fax 308988, ab 60 € (20 Betten)

Hotel Deutscher Kaiser, Vorderreihe 52, Tel. 8420, Fax 842199, www.deutscher-kaiser-travemuende.de, ab 55 € (118 Betten)

MARITIM Strandhotel, Trelleborgallee 2, Tel. 890, Fax 892020, www.maritim.de, ab 93 €, 2 Restaurants, Wellness-Bereich, traumhafte Blicke über Ostsee und Mecklenburg (480 Betten)

Columbia Hotel Casino, Strandpromenade/Kaiserallee 2, Tel. 3080, Fax 308333, Travemünde, ab 80 € (142 Betten)

Grand SPA Resort A-ROSA Travemünde, Außenallee 10, Tel. 3070632, Fax 3070700, info.travemuende@a-rosa.de, ab 119 € (205 Betten)
Zum Sommer 2005 nach umfänglichen Renovierungsarbeiten eröffnet. Hier logierte schon der kleine Thomas Mann, weswegen das Hotel durch die »Buddenbrooks« weltberühmt wurde.

Jugendunterkünfte
Jugendfreizeitstätte Priwall, Mecklenburger Landstr. 69, Tel. 2576, Fax 4620, www.hamburgerbildungsserver.de/lernorte/nordmark/trave_.htm

Gästehaus am Priwall, Am Priwallhafen 10, Tel. 6396, Fax 2763

Naturfreundehaus Priwall, Mecklenburger Landstr. 128, Tel. 2838, Fax 2811, www.naturfreundehaus-priwall.de

Krankenhaus
Praxisklinik Travemünde, eine Einrichtung der Sana-Kliniken Lübeck GmbH, Am Dreilingsberg 7, Tel. 8000

Ambulanter Dienst der Sana-Kliniken Lübeck GmbH, Tel. 777988

Literatur
Stadtbibliothek, Am Lotsenberg 4, Tel. 6341, Mo–Fr 14–18 (außer Do 9–13)

Bücherstube des gemeinnützigen Vereins zu Travemünde e.V., Otto-Meichert-Haus, Godewind 4, Tel. 77431, Fax 3027351, www.gvt-info.de, Mo–Fr 16–18 Uhr

Notrufe
Krankentransportdienst, Tel. 19222, Wasserschutzpolizei, Tel. 862830, DLRG, Tel. 74777

Polizei Travemünde/Polizeistation 1, Moorredder 1, Tel. 863430

Postamt
Rose 3, Hotline 01802/3333 (0,14 €/min)

➤ Die »Passat« vor Travemünde

➤ *Travemünde am Abend ...*

Sportstätten

Golf

Lübeck-Travemünde Golfclub e.V., 27-Loch-Platz, Kowitzberg 41, Tel. 74018, Fax 72184, www.ltgk.de

amp golf AG, Internationale Golf-schulen, Schloßstr. 14, 23626 Warnsdorf, Tel. 777780, Fax 777788, www.amp.golf.de

Maritim Golfpark Ostsee, Schloß-str. 14, 23626 Warnsdorf, Tel. 77770, Fax 777799, www.maritim.golfpark-ostsee.de

Minigolf

Außenallee 6, Tel. 71459

Am Priwallhafen 14a, Tel. 2878

Reiten

Reiterhof Travemünde GmbH, Priwall, Tel. 302400

Schifffahrt

MS Marittima, Überseebrücke 2, Travepromenade, Tel. 0163/5475772

MS Sven Johannsen, Vorderreihe Prinzenbrücke, Tel. 74545, Fax 4514

Könemann Schiffahrt, Abfahrt: Vor-derreihe, Tel. 0451/2801635, Fax 2909188

Zimmervermittlung

Lübeck und Travemünde Tourist–Service GmbH, Hotline 01805-882333 (0,14 €/Min), www.travemuende-tourismus.de

Iske (Ferienwohnungsvermittlung), Kurgartenstr. 86, Tel. 7777990

Segeln und Bootsverleih

Schött, Teutendorfer Weg 2, Tel. 4504

Segelschule Möwenstein, Kaiser-allee 40, Tel. 2452

Lochte, Travemünder Landstr. 300, Tel. 04131/380022

Park & Sail GmbH, Am Fischereiha-fen, Tel. 04505/1300, Fax 1333

Ratzeburg

Die Vorwahl für Ratzeburg ist 04541.

Baden
Aqua Siwa, Schwimmhalle im Kurpark am Küchensee, Fischerstraße, Tel. 4822

Badestelle Schloßwiese, Tel. 7755

Camping
»Zur Schönen Aussicht«, 23909 Römnitz, Tel. 3348

»Schwalkenberg«, 23909 Römnitz, Tel. 7032 u. 7566

»Zur Angelsmühle«, 23911 Buchholz, Tel. 4255

Erlebnisbahn Ratzeburg
Im Bahnhof, Tel. 0700/37247463, www.erlebnisbahn-ratzeburg.de

Fahrradvermietung
Fahrradvermietung Ratzeburg, Schlosswiese, Tel. 4466

Fahrrad Koech, Langenbrückerstr., Tel. 3838

Hotels (Auswahl)
Hansahotel, Schrangenstr. 25–27, Tel. 864100, Fax 864141, ab 60 € (44 Betten)

Hotel Seegarten, Theaterplatz 5, Tel. 898391, Fax 898391, ab 40 € (15 Betten)

Hotel und Pension Heckendorf, Gustav-Peters-Platz 1, Tel. 88980, Fax 889899, ab 34 € (24 Betten)

Der Fredenkrug, Am Wildgehege, 23909 Fredeburg über Ratzeburg, Tel. 3555, Fax 4555, www.fredenkrug.de

Der Seehof, Lüneburgerdamm 1–3, Tel. 860101, Fax 860102, www.derseehof.de, ab 90 € (DZ) (90 Betten)

Wittler's Hotel, Große Kreuzstr. 11, Tel. 3204, Fax 3815, www.wittlers-hotel.de , ab 57 € (54 Betten)

Information
Ratzeburg Information im Rathaus, Unter den Linden 1, 23909 Ratzeburg, Tel. 858565

Fremdenverkehrsverein Ratzeburg, Tel. 889831

Internetadressen
www.ratzeburg.de
www.ratzeburg-online.de

137

Kino

Burgtheater Ratzeburg, Theaterplatz 1, Tel. 803080 (Ticket-Hotline u.
Schalter), Fax 802051

Literatur

Stadtbücherei, Unter den Linden,
Tel. 800039

Museen

Paul Weber-Museum, Domhof 5,
Tel. 860720, www.weber-
museum.de, Di–So 10–13 u. 14–17
Uhr

Ernst-Barlach-Museum, Barlach-
platz 3, Tel. 3789, Di–So 11–17 Uhr,
www.ernst-barlach.de

Haus Mecklenburg, Domhof 41,
Tel. 83668, Öffnungszeiten nach
Vereinbarung

Kreismuseum, Domhof 12, Tel.
86070, Di–So 10–13 u. 14–17 Uhr

Schifffahrt

Ratzeburger See, Schloßwiese 6,
Tel. 7900, Fax 7911

Segeln

Segelschule und Bootsvermietung
Morgenroth, Am Jägerdenkmal,
Tel. 83200

➤ Der Ratzeburger Dom

138

Niendorf/Timmendorfer Strand

Die Vorwahl für Niendorf/
Timmendorfer Strand ist 04503.

Autovermietung
Schneider GmbH, Vogelsang 6–8,
Tel. 89060 u. 2573

Avis, An der Waldkapelle 1, Tel. 6536

Baden
Meerwasser-Hallenbad, Strandstr.
133, Tel. 5456

Fahrradverleih
Daniel Beinroth, Otto-Langbein-Str.
22, Tel. 87488

Steffenhagen, Kurparkstr., Tel. 6211

Freizeitangebote
Sea Life Timmendorfer Strand,
Kurpromenade 5, Tel. 358888,
Fax 358822,
www.sealife-timmendorf.de

Vogelpark, An der Aalbeck, Tel. 4740,
Fax 873

Hotels (Auswahl)
Hotel Atlantic, Strandstr. 119,
Niendorf/Ostsee, Tel. 889100,
Fax 889105, www.hotel-atlantic-
niendorf.de, ab 40 €

Hotel Stadt Hamburg, Strandstr. 134, Niendorf/Ostsee Tel.
89080, Fax 890838, www.hotel-
stadthamburg.de, ab 38 € (40 Betten)

Hotel Yachtclub, Strandstr. 94,
Niendorf/Ostsee, Tel. 8060, Fax
806110, www.hotel-yachtclub.de,
ab 110 € (120 Betten)

Strandhotel Miramar, Strandstr. 59,
Niendorf/Ostsee, Tel. 8010,
Fax 801111, www.miramar-
niendorf.de, ab 66 €

Hotel Friedrichsruh, Strandpromenade 65/67, Niendorf/
Ostsee, Tel. 8950, Fax 895110,
www.friedrichsruh.de, ab 60 €
(ca. 70 Betten)

Jugendherbergen
Bildungs- und Jugenderholungsstät-
te Niendorf, Standstr. 48, Tel. 4858,
Fax 878

Jugenderholungsheim Timmendorfer Strand, Oeverdieker Weg 15,
Tel. 89800

Kur
Maria Meeresstern, Niendorf,
Steiluferallee 1–3, Tel. 89040,
Fax 8904900

Kurklinik Lindenhof, Hauptstr. 26,
Timmendorfer Strand,Tel. 35700,
Fax 357065

Post
Timmendorfer Strand, Postr. 28,
Tel. 87802

Niendorf, Strandstr. 120, Tel. 881205

Schifffahrt

Hanseat II, Reederei Belis, Strandstr. 58a, Tel. 5272, Fax 1714,
www.ostseerundfahrten.de

MS Dana, Reederei Möller & Sohn,
Andresenstr. 8, Tel. 31371, Fax 6352

Sportstätten

Tennis Center Timmendorfer Strand,
Am Kurpark, Tel. 8450, Fax 87376,
www.tenniscenter-timmendorf.de

Segelschule Skipper, Strandstr. 41a,
Tel. 701290, Fax 701291

Eis- und Tennissportcentrum (ETC),
Am Kurpark, Tel. 5020

Golfanlage Timmendorfer Strand,
Tel. 5152, Fax 86344

SGJ Seglergemeinschaft der Jollen-
station Timmendorfer Strand,
Tel. 492906, Fax 35452

Taxi

Niendorf, Funktaxen-Zentrale,
Strandstr. 38, Tel. 2011 u. 6161,
Fax 87252

Krukau, Tel. 881122

Zimmervermittlung

Appartementvermittlung Rönnfeld,
Strandstr. 120, Tel. 880231,
Fax 880233, www.roennfeld.de

Touristic Center Böbs, Strandst. 116,
Tel. 6463, Fax 87252

Gästezentrale des Fremdenverkehrs-
vereins, Strandstr. 121a, Tel. 2203,
Fax 87212

Tourist-Service Timmendorfer Strand,
Timmendorfer Platz 10, Tel. 358535

Haus des Kurgastes Niendorf,
Tel. 2203, Fax 87212

Register

Die Deutsche Bibliothek verzeichnet diese Publikation in der Deutschen Nationalbibliografie; detaillierte bibliografische Daten sind im Internet über http://dnb.ddb.de abrufbar.

2., korrigierte und aktualisierte Auflage 2007

Kartografie: Elsner & Schichor, Karlsruhe

Bildnachweis:
Dietz-Verlag, Köln: 29; Cornelia Gauss: 1, 3, 4, 5 ,6/7, 7u, 8/9, 11, 14, 16, 17, 18, 19, 20, 22, 23, 24, 25, 26, 27, 31, 38/39, 43, 44o, 52, 54/55, 57, 59u, 65u, 66, 67, 68, 69, 72, 74/75, 77, 79, 80, 81, 82, 83, 84, 85, 86/87, 88, 90, 91, 92, 93, 94, 97, 98, 99, 102, 105, 106, 107u, 108, 111, 113, 114/115, 116, 117, 118, 119, 120, 121, 122, 124/125, 135, 136, 137; Torsten Krüger: 101, 107o, 109, 123, 138, 140; Werner Scharnweber: 21; Martin Thoemmes: 30; Verlagsarchiv: 5u, 10, 11/12, 13, 33, 34, 36, 41, 42, 44u, 45, 46, 47, 48, 49, 50/51, 53, 78
Nicht in allen Fällen konnten die Bildquellen ermittelt werden. Wir bitten gegebenfalls um Nachricht an den Verlag.

Danksagung:
Autor, Fotografin und Verlag danken für freundliche Hinweise, Unterstützung und unbürokratische Genehmigungen: Rosemarie Bouteiller, Nathalie Brüggen, Dr. Manfred Gläser, Prof. Dr. Antjekathrin Graßmann, Dompastor Wolfgang Grusnick, Dr. Rolf Hammel-Kiesow, Dr. Ingaburgh Klatt, Gilbert Harke, Doris Mührenberg, Doris Schütz (Lübeck und Travemünde Tourist-Service GmbH), Bettina Brügmann und Armgard Trittin (Buchhaus Weiland GmbH, Lübeck) sowie Bausenator a.D. Dr. Volker Zahn. Nicht zuletzt dankt der Autor Cornelia Gauss für ihre Fotos und die schöne Zusammenarbeit.

Kleine Literaturauswahl:
Lübeckische Geschichte, herausgegeben von Antjekathrin Graßmann, 3. Aufl. Lübeck 1997; Lübeck-Lexikon. Die Hansestadt von A bis Z, herausgegeben von Antjekathrin Graßmann, Lübeck 2006; Lübecker Schriften zur Archäologie und Kulturgeschichte, 26 Bde. Bonn, Lübeck

Dieses illustrierte Reisehandbuch wurde nach bestem Wissen zusammengestellt. Im Sinne des Produkthaftungsgesetzes weisen Autor und Verlag darauf hin, dass inhaltliche Fehler und Änderungen nach Drucklegung dennoch nicht auszuschließen sind. Aus diesem Grund übernehmen Verlag und Autor keine Verantwortung und Haftung, alle Angaben erfolgen ohne Gewähr. Änderungs- und Verbesserungsvorschläge seitens der Leser nimmt der Verlag gern entgegen.

© 2007 EDITION TEMMEN
Hohenlohestr. 21 – 28209 Bremen
Tel. 0421-34843-0 – Fax 0421-348094
info@edition-temmen.de
www.edition-temmen.de

Herstellung: EDITION TEMMEN
ISBN 978-3-86108-484-6